材料科学与工程实验系列教材

材料科学基础实验教程

主　编　李　慧
副主编　马　勤　宋佩维

哈尔滨工业大学出版社
北 京 大 学 出 版 社
国 防 工 业 出 版 社
冶 金 工 业 出 版 社

内容提要

本书是数十所高校参与、多家出版社联合打造的《材料科学与工程实验系列教材》之一。依照通常《材料科学基础》教材的内容和顺序，本书共编写了11个实验，分基础型、研究型、综合型和创新型实验。每个实验包括实验目的、实验原理、仪器及材料、内容与步骤、注意事项、实验报告要求及思考题7部分内容。

本书可作为普通高等学校的金属材料工程等专业本科生实验教材，也可为相关专业的师生与工程技术人员提供参考。

图书在版编目(CIP)数据

材料科学基础实验教程/李慧主编. —哈尔滨:哈尔滨工业大学出版社,2011.8(2022.1重印)

ISBN 978-7-5603-3355-7

Ⅰ.①材… Ⅱ.①李… Ⅲ.①工程材料-材料试验-高等学校-教材 Ⅳ.①TB302

中国版本图书馆 CIP 数据核字(2011)第 160284 号

责任编辑	杨 桦 范业婷
出版发行	哈尔滨工业大学出版社
社　　址	哈尔滨市南岗区复华四道街10号 邮编150006
传　　真	0451-86414749
网　　址	http://hitpress.hit.edu.cn
印　　刷	哈尔滨久利印刷有限公司
开　　本	787mm×1092mm 1/16 印张7.25 字数160千字
版　　次	2011年9月第1版 2022年1月第5次印刷
书　　号	ISBN 978-7-5603-3355-7
定　　价	18.00元

(如因印装质量问题影响阅读,我社负责调换)

《材料科学与工程实验系列教材》总编委会

总主编 崔占全 潘清林 赵长生 谢峻林
总主审 王明智 翟玉春 肖纪美

《材料科学与工程实验系列教材》编写委员会成员单位

（按拼音顺序排序）

北方民族大学	北华航天工业大学	北京科技大学
成都理工大学	大连交通大学	大连理工大学
东北大学	东北大学秦皇岛分校	哈尔滨工业大学
河南工业大学	河南科技大学	河南理工大学
佳木斯大学	江苏科技大学	九江学院
兰州理工大学	南昌大学	南昌航空大学
清华大学	山东大学	陕西理工大学
沈阳工业大学	沈阳化工大学	沈阳理工大学
四川大学	太原科技大学	太原理工大学
天津大学	武汉理工大学	西南石油大学
燕山大学	郑州大学	中国石油大学（华东）
中南大学		

《材料科学与工程实验系列教材》出版委员会

哈尔滨工业大学出版社	黄菊英	杨桦	许雅莹
北京大学出版社	杨立范	林章波	童君鑫
国防工业出版社	邢海鹰	辛俊颖	
冶金工业出版社	曹胜利	张卫	刘晓峰

序　言

　　近年来,我国高等教育取得了历史性突破,实现了跨越式的发展,高等教育由精英教育变为大众化教育。以国家需求与社会发展为导向、走多样化人才培养之路是今后高等教育教学改革的一项重要内容。

　　作为高等教育教学内容之一的实验教学,是培养学生动手能力、分析问题及解决问题能力的基础,是学生理论联系实际的纽带和桥梁,是高等学校培养创新开拓型和实践应用型人才的重要课堂。因此,实验教学及国家级实验示范中心建设在高等学校建设中至关重要,在高等学校人才培养计划中亦占有极其重要的地位。但长期以来,实验教学存在着以下弊病：

　　1. 在高等学校的教学中,存在重理论轻实践的现象,实验教学长期处于从属理论教学的地位,大多没有单独设课,忽视对学生能力的培养。

　　2. 实验教师队伍建设落后,师资力量匮乏,部分实验教师由于种种原因而进入实验室,且实验教师知识更新不够。

　　3. 实验教学学时有限,且在教学计划中实验教学缺乏系统性,为了理论教学任务往往挤压实验教学课时,实验教学没有被置于适当的位置。

　　4. 实验内容单调,局限在验证理论；实验方法呆板、落后,学生按照详细的实验指导书机械地模仿和操作,缺乏思考、分析和设计过程,被动地重复几年不变的书本上的内容,整个实验过程是教师抱着学生走；设备缺乏且陈旧,组数少,大大降低了实验效果。

　　5. 实验室开放程度不够,实验室的高精尖设备学生根本没有机会操作,更谈不上学生亲自动手及培养其分析问题与解决问题的能力。

　　"百年大计,教育为本；教育大计,教师为本；教师大计,教学为本；教学大计,教材为本。"有了好的教材,就有章可循,有规可依,有鉴可借,有路可走。师资、设备、资料(首先是教材)是高等学校的三大教学基本建设。

　　为了落实教育部"质量工程"及"卓越工程师"计划,建设好材料类特色专业与国家级实验示范中心,促进"十二五"期间我国材料科学与工程专业实验教学的建设,为我国培养出更多符合建设"创新型国家"需求的合格毕业生,国内涉及材料科学与工程专业实验教学的40余所高校及四家出版社100多名专家、学者,于2011年1月成立了"材料科学与工程实验教学研究会"。"研究会"针对目前国内材料类实验教学的现状,以提升材料实验教学能力和传输新鲜理念为宗旨,团结全国高校从事材料科学与工程类实验教学的教师,共同研究提高我国材料科学与工程类实验教学的思路、方法,总结教学经验；目标是,精心打造出一批形式新颖、内容权威、适合时代发展的材料科学与工程系列实验教材,并经过几年的努力,成为优秀的精品教材。为此,成立"实验系列教材编审委员会",并组成以国内有关专家、院士为首的高水平"实验系列教材总编审指导委员会",其任务是策划教材选题,审查把关教材总体编写质量等;还组成了以教学第一线骨干教师为首的"实验系列教材编写委员会",其任务是,提出、审查编写大纲,编写、修改、初审教材等。此外,哈尔滨工业大学出版社、北京大学出版社、国防工业出版社、冶金工业出版社组成了"实验系列教材出版委员会",协调、承担本实验教材的出版与发行事宜等。

为确保教材品位、体现材料科学与工程实验教材的国家级水平,"编委会"特意对培养目标、编写大纲、书目名称、主干内容等进行了研讨。本系列实验教材的编写,注意突出以下特色:

1. 实验教材的编写与教育部专业设置、专业定位、培养模式、培养计划、各学校实际情况联系在一起;坚持加强基础、拓宽专业面、更新实验教材内容的基本原则。

2. 实验教材的编写紧跟世界各高校教材编写的改革思路,注重突出人才素质、创新意识、创造能力、工程意识的培养,注重动手能力、分析问题及解决问题能力的培养。

3. 实验教材的编写与专业人才的社会需求联系在一起,做到宽窄并举;教材编写充分听取用人单位专业人士的意见。

4. 实验教材的编写突出专业特色,内容深浅度适中,以编写质量为实验教材的生命线。

5. 实验教材的编写注重处理好该实验课与基础课之间的关系,处理好该实验课与其他专业课之间的关系。

6. 实验教材的编写注意教材体系的科学性、理论性、系统性、实用性,不但要编写基本的、成熟的、有用的基础内容,同时也要将相关的未知问题体现在教材中,只有这样才能真正培养学生的创新意识。

7. 实验教材的编写要体现教学规律及教学法,真正编写出教师及学生都感觉得心应手的教材。

8. 实验教材的编写要注意与专业教材、学习指导、课堂讨论及习题集等的成龙配套,力争打造立体化教材。

本材料科学与工程实验系列教材,从教学类型上可分为:基础入门型实验,设计研究型实验,综合型实践实验,软件模拟型实验,创新开拓型实验。在教材题目上,包括材料科学基础实验教程,材料科学与工程实验教程(金属材料分册),材料科学与工程实验教程(高分子分册),材料科学与工程实验教程(焊接分册),材料成型与控制实验教程(塑性成形分册),材料成型与控制实验教程(液态成形分册),超硬材料及制品专业实验教程,腐蚀科学与工程实验教程,表面工程实验教程,金属学与热处理实验教程,金属材料塑性成形实验教程,工程材料实验教程,机械工程材料实验教程,材料现代分析测试实验教程,材料物理与性能实验教程,高分子材料实验教程,陶瓷材料实验教程,无机胶凝材料与耐火材料实验教程等一系列实验教材。在内容上,每个实验包含实验目的、实验原理、实验设备与材料、实验内容与步骤、实验注意事项、实验报告要求、思考题等内容。

本实验系列教材由崔占全(燕山大学)、潘清林(中南大学)、赵长生(四川大学)、谢峻林(武汉理工大学)任总主编;王明智(燕山大学)、翟玉春(东北大学)、肖纪美(北京科技大学、院士)任总主审。

经全体编审教师的共同努力，本实验系列教材将陆续出版发行，我们殷切期望本系列教材的出版能够满足国内高等学校材料科学与工程类各个专业教育改革发展的需要，并在教学实践中得以不断充实、完善、提高和发展。

本材料科学与工程实验系列教材涉及的专业及内容极其广泛。随着专业设置与教学的变化和发展，本实验系列教材的题目还会不断补充，同时也欢迎国内从事材料科学与工程专业的教师加入我们的队伍，通过实验教材编写这个平台，将本专业有特色的实验教学经验、方法等与全国材料实验工作者同仁共享，为国家复兴尽力。

由于编者水平及时间所限，书中不足之处，敬请读者批评指正。

材料科学与工程实验教学研究会
材料科学与工程实验系列教材编写委员会
2011 年 7 月

前 言

本书是根据高等学校"材料科学与工程实验教学研究会"第一届会议的决议编写的,是《材料科学与工程实验系列教材》之一。

本书的特色在于:

1. 在实验项目的设计上,从当前的教学改革大局出发,充分考虑了大多数学校的实际情况,实验项目选择力求先进、合理,注重实用价值,不追求大而全。删除了诸如位错腐蚀坑观察等一些实验内容,增加了一些如数码金相摄影等新技术、新实验内容。

2. 编写人员长期在教学第一线从事实验教学,书中融入了编者的大量实验资料和经验,并且金相照片多为原创作品,清晰度高,分析准确,颇具实用价值。

本书是《材料科学基础》的配套教材,可作为高等学校金属材料工程各专业本科生的实验教材,也可供相关专业的师生与工程技术人员参考。

全书共11个实验,其中实验一、二、三、八、九由燕山大学李慧编写;实验六由兰州理工大学贾建刚和马勤编写;实验七由兰州理工大学李翠霞、贾建刚和马勤编写;实验四、十由陕西理工学院宋佩维编写;实验五由大连理工大学王清编写;实验十一由大连交通大学刘德义编写。

全书由李慧担任主编,马勤、宋佩维担任副主编;燕山大学张静武担任主审,大连理工大学赵杰担任副主审。

本书在编写过程中,得到了"实验系列教材编写委员会"的有力协助,省级教学名师燕山大学崔占全教授和景勤教授提出了宝贵建议;同时,编者参考和引用了国内外相关教材及文献资料,在此一并表示衷心的感谢!

由于编者水平及时间有限,不足之处在所难免,敬请读者批评指正。

编　者
2011年5月

目　　录

实验一　金相显微镜的原理、结构及使用 …………………………………………………… 1

实验二　金相试样的制备 ………………………………………………………………… 10

实验三　数码金相显微镜的使用 ………………………………………………………… 19

实验四　常见晶体结构的刚球堆垛模型分析 …………………………………………… 31

实验五　晶体结晶过程观察分析 ………………………………………………………… 41

实验六　二元合金相图分析及典型组织观察 …………………………………………… 48

实验七　三元合金相图分析及典型组织观察 …………………………………………… 57

实验八　铁碳合金平衡组织观察及性能分析 …………………………………………… 63

实验九　金属塑性变形与再结晶组织观察 ……………………………………………… 72

实验十　固态金属中的扩散实例分析 …………………………………………………… 81

实验十一　钢中固态相变组织分析 ……………………………………………………… 89

参考文献 …………………………………………………………………………………… 102

实验一 金相显微镜的原理、结构及使用

【实验目的】

(1) 了解金相显微镜的光学原理与结构；
(2) 掌握金相显微镜的使用方法。

【实验原理】

1. 金相显微镜概述

金相显微镜是进行金属材料金相分析的必要工具。用金相显微镜可以研究金属组织与其成分和性能之间的关系，确定各种金属经不同加工及热处理后的显微组织，确定晶粒尺寸，以及鉴别金属材料组织中非金属夹杂物的数量及分布情况等。普通光学金相显微镜的类型很多，按外形分可分为台式、立式及卧式三大类；按用途分可分为偏光显微镜、干涉显微镜、低温显微镜、高温显微镜和相衬显微镜等。

2. 金相显微镜的成像原理

图 1.1 为金相显微镜光学放大原理示意图。靠近物体的一组透镜为物镜，靠近人眼的一组透镜为目镜，被观察物体 AB 置于物镜的前焦距 f_1 以外时，在物镜的另一侧两倍焦

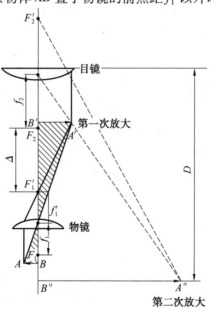

图 1.1 金相显微镜光学放大原理示意图

距以外,形成一个倒立、放大的实像 $A'B'$(称为中间像);当实像 $A'B'$ 位于目镜焦距以内时,目镜又使映像 $A'B'$ 放大,得到正立虚像 $A''B''$。最后映像 $A''B''$ 是经过物镜、目镜两次放大后所得到的,$A''B''$ 的放大倍数是物镜放大倍数与目镜放大倍数的乘积。

显微镜的放大倍数为

$$M = M_物 \cdot M_目 \approx \frac{\Delta}{f_1} \cdot \frac{D}{f_2}$$

式中　$M_物$——物镜的放大倍数;

　　　$M_目$——目镜的放大倍数;

　　　f_1——物镜的焦距;

　　　f_2——目镜的焦距;

　　　Δ——显微镜的光学镜筒长(即物镜后焦点与目镜前焦点之间的距离);

　　　D——人眼明视距离,约为 250 mm。

3. 金相显微镜的主要性能参数

(1)分辨率

显微镜的分辨率通常用可以分辨出相邻两个物点的最小间距来衡量。这个距离越小,分辨率越高。分辨率为

$$d = \frac{\lambda}{2NA}$$

式中　λ——照明入射光的波长;

　　　NA——物镜的数值孔径,表征物镜的聚光能力。

此式说明显微镜的分辨率与照明光源波长成正比,与透镜数值孔径成反比。即入射光的波长越短,分辨率越高。光源的波长可通过加滤色片来改变。蓝光的波长为 0.44 μm,黄绿光的波长为 0.55 μm,前者比后者的分辨率高 25% 左右。所以使用黄、绿、蓝等滤色片,可提高显微镜的分辨率。

(2)物镜的数值孔径

物镜的数值孔径表示物镜的聚光能力,数值孔径大的物镜聚光能力强,能吸收更多的光线,使物像更清晰,数值孔径 NA 越大,分辨率越高。数值孔径为

$$NA = n \cdot \sin\theta$$

式中　n——物镜与观察物之间介质的折射率;

　　　θ——物镜的孔径半角,即通过物镜边缘的光线与物镜轴线所成夹角。

由于 $\sin\theta < 1$,所以以空气为介质的干燥系统物镜的 $NA < 1$。在物方介质为油的情况下,$n \approx 1.5$,其数值孔径 $n \cdot \sin\theta \approx 1.25 \sim 1.35$,所以高倍物镜常设计为油镜。较常用松柏油做介质,松柏油的 $n = 1.515$,最大数值孔径 $NA = 1.40$。

(3)有效放大倍数

人眼的分辨率大约是 0.2 mm,光学显微镜的分辨率极限大约是 0.2 μm。光学显微镜必须提供足够的放大倍数,把它能分辨的最小距离放大到人眼能分辨的程度。相应的放大倍数称为有效放大倍数 $M_{有效}$,它等于人眼的分辨率除以显微镜的分辨率所得的商,即

$$有效放大倍数\ M_{有效} = \frac{人眼的分辨率}{显微镜的分辨率}$$

因为人眼的分辨率大约是 0.2 mm,光学显微镜分辨率极限为 0.2 μm,相应的有效放大倍数 $M_{有效}$ = 1 000 倍。实际上为了减轻人眼的负担,所选用的放大倍数应比有效放大倍数略高一些,观察起来人眼就不感到吃力,光学显微镜最高放大倍数就是根据上述原则确定的,其值为 1 000 ~ 1 500 倍。

(4)景深

景深是指物平面允许的轴向偏差。它表征物镜对位于不同平面上的目的物细节能否清晰成像的性质,如果人眼的分辨能力为 0.15 ~ 0.30 mm,景深为

$$h = \frac{n}{NA \cdot M} \times (0.15 \sim 0.30) \text{ mm}$$

式中　NA——物镜的数值孔径;

n——目的物所在介质的折射率;

M——显微镜的放大倍数。

由上式可知:如果要求景深较大,最好选用数值孔径小的物镜,但这会降低显微镜的分辨率。工作时要根据具体情况取舍。

4. 金相显微镜的构造

金相显微镜由光学系统、照明系统和机械系统三部分组成。另有一些显微镜还配有照相装置等附件。

图 1.2 为国产 XJB-1 型金相显微镜光学系统示意图。由灯泡发生的光线,经过聚光透镜组及反光镜被会聚在孔径光阑上,然后经过聚光镜组,穿过半反射镜后经辅助透镜再度将光线会聚在物镜组的后方焦平面上。最后,光线通过物镜,使试样表面得到充分而均匀的照明。从试样反射回来的光线复经物镜、辅助透镜、半反射镜及棱镜形成一个物体的倒立的放大实像,此像经过目镜进一步放大,即得到试样表面的放大像。图 1.3 为国产 XJB-1 型金相显微镜外形结构示意图。

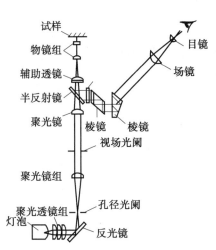

图 1.2　XJB-1 型金相显微镜光学系统示意图

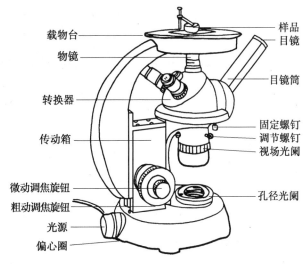

图 1.3　XJB-1 型金相显微镜外形结构示意图

(1)照明系统

在底座内装有一低压灯泡作为光源,聚光镜、孔径光阑及反光镜等均安置在圆形底座上,视场光阑及另一聚光镜则安在支架上,它们组成显微镜的照明系统,使样品表面获得充分均匀的照明。

(2)显微镜调焦装置

显微镜体两侧有粗动和微动调焦旋钮。旋转粗动调焦旋钮可使载物台迅速升降,微动调焦旋钮可使物镜缓慢地上下运动,以便精确调焦。

(3)载物台

用于放置金相样品,观察面须向下。载物台和下面托盘之间有导架,用手推动,可使载物台在水平面上做一定范围的十字定向移动,以改变试样的观察部位。

(4)孔径光阑和视场光阑

光路中装有两个光阑:孔径光阑和视场光阑。孔径光阑安装在照明反射镜座上,刻有刻度,表示孔径大小的毫米数。孔径光阑的作用是控制入射光束的大小,缩小孔径光阑可以减小像差,加大景深和衬度,但会使物镜的分辨能力降低。视场光阑安装在物镜支架下面,通过旋转滚花套圈来调节视场光阑大小,从而提高映像衬度而不影响物镜的分辨能力。

(5)物镜转换器

转换器呈球面状,上有三个螺孔,可安装不同放大倍数的物镜,旋动转换器可使各物镜镜头进入光路,与不同的目镜搭配使用,以获得各种放大倍数。

(6)目镜筒

目镜筒呈45°倾斜安装在附有棱镜的半球座上,还可将目镜转向水平状态,以便显微摄影。

表1.1列出了XJB-1型金相显微镜的物镜和目镜不同配合情况下的放大倍数。

表1.1　XJB-1型金相显微镜的放大倍数

光学系统	目镜 物镜	5×	10×	15×
干燥系统	8×	40×	80×	120×
干燥系统	45×	225×	450×	675×
油浸系统	100×	500×	1 000×	1 500×

5.金相显微镜的种类

(1)台式金相显微镜

台式金相显微镜体积小、重量轻、携带方便。如图1.4所示的XJZ-6型金相显微镜,

图 1.5 所示的 XJP-3A 型金相显微镜,图 1.6 所示的 XJX-2 型金相显微镜等。

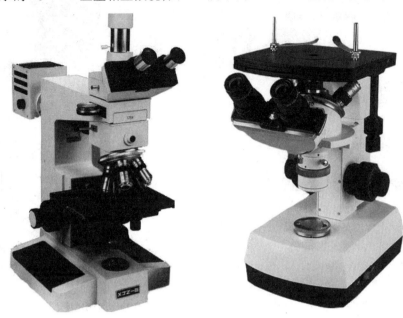

图 1.4　XJZ-6 型金相显微镜　　　　图 1.5　XJP-3A 型金相显微镜

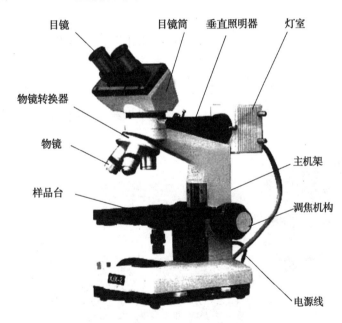

图 1.6　XJX-2 型金相显微镜

(2)立式金相显微镜

立式金相显微镜是按倒立式光程设计的,并带有垂直方向的投影摄影箱。如图 1.7 所示的 XJL-03 型立式金相显微镜,图 1.8 所示的 DMR 型立式金相显微镜等。

 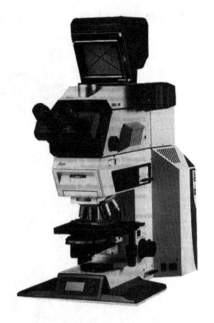

图 1.7　XJL-03 型立式金相显微镜　　　　图 1.8　DMR 型立式金相显微镜

(3) 卧式金相显微镜

卧式金相显微镜是按倒立式光程设计的,并带有水平投影摄影箱。其设计比较完善,对各种光学像差校正较好,具有优良的观察和摄影质量。如图 1.9 所示的 Neophot 1 型卧式金相显微镜,图 1.10 所示的 Neophot 21 型卧式金相显微镜,图 1.11 所示的 XJG-05 型卧式金相显微镜等。XJG-05 型卧式金相显微镜光学系统示意图如图 1.12 所示。

图 1.9　Neophot 1 型卧式金相显微镜

图 1.10　Neophot 21 型卧式金相显微镜

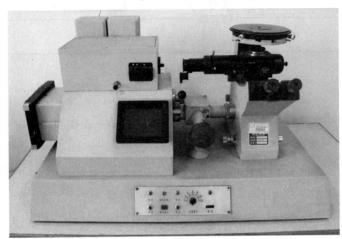

图 1.11　XJG-05 型卧式金相显微镜

6. 金相显微镜的使用方法

(1)初次操作显微镜前,要先了解显微镜的基本原理、构造以及各种主要附件的作用等。

(2)将显微镜的光源插头插在变压器上,通过 6 V 变压器接通电源。

(3)根据需要选择目镜,将所选择好的物镜转换到固定位置。

(4)把试样放在样品台中心,观察面朝下。

(5)调焦距时应先将载物台下降,使样品尽量靠近物镜(不能接触),然后用目镜观察。先用双手旋转粗调旋钮,使载物台慢慢上升,待看到组织后,再调节微调焦旋钮直至图像清晰为止。

(6)适当调节孔径光阑和视场光阑,以获得最佳质量的图像。

(7)使用完毕,关闭电源,将镜头与附件放回附件盒,油浸物镜使用完毕要立即擦净。将显微镜恢复到使用前状态,并填写使用记录本,经辅导教师检查无误后,方可离开实验室。

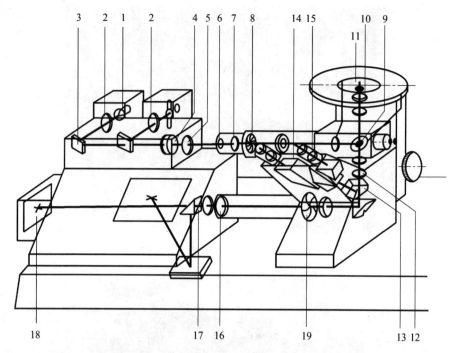

图 1.12 XJG-05 型卧式金相显微镜光学系统示意图

1—光源;2—聚光镜;3—反射镜;4—滤光片;5—聚光镜;6—孔径光阑;7—透镜;8—视场光阑;9—反射镜;10—物镜;11—试样;12—补偿透镜;13—反光棱镜;14—双目棱镜;15—目镜;16—照相目镜;17—反光棱镜;18—底片;19—快门

【实验仪器及材料】

金相显微镜,金相样品。

【实验内容与步骤】

(1)每人一台金相显微镜;
(2)对照金相显微镜实物,了解金相显微镜的原理及结构;
(3)按照金相显微镜的操作步骤,进行实际的调试与使用。

【实验注意事项】

(1)操作时必须特别谨慎,不能有任何剧烈的动作。不允许自行拆卸光学系统。

(2)金相试样要干净,不得残留浸蚀剂,以免腐蚀镜头。不可用手触摸镜头。镜头不干净时,要用镜头纸擦拭。

(3)切勿将显微镜的灯泡(6~8 V)插头直接插在 220 V 的电源插座上,应当插在变压器上,否则会立即烧坏灯泡。观察结束后应及时关闭电源。

(4)在旋转粗调或微调旋钮时动作要慢,碰到某种阻碍时应立即停止操作,报告指导教师查找原因,不得用力强行转动,否则会损坏机件。

【实验报告要求】

(1)简要说明金相显微镜基本光学原理及结构;
(2)简述金相显微镜的使用方法和注意事项。

【思考题】

(1)数值孔径与放大倍数有何关系?
(2)金相显微镜的基本结构是什么?
(3)使用金相显微镜的一般步骤是什么?

实验二 金相试样的制备

【实验目的】

(1) 了解制备金相试样所需的仪器设备;
(2) 掌握金相试样的制备方法。
(3) 熟悉金相显微组织的显示方法。

【实验原理】

金相试样的制备包括取样、镶嵌或机械夹持、磨制、抛光和浸蚀。

1. 取样

取样必须根据检验目的,截取有代表性的部位。不同工艺生产的坯材或零件进行检验时,取样部位应该不同。对失效零件,应在零件的破损部位及完好部位同时取样,以便对比。对锻、轧及冷变形的工件一般进行由表面到中心有代表性的纵向检验,以观察组织和夹杂物等的变形情况;横向截面的检验可用于检验脱碳层、化学热处理的渗层、淬火层、表面缺陷、碳化物网、晶粒度测定等;对于一般热处理后的零件,由于组织比较均匀,试样可在任意截面截取。

试样的截取方法因材料的性质不同而异,但所有方法都应保证在截取过程中试样观察面的组织不发生改变。可根据材料的软硬和零件的大小,选择不同的工具,如手锯、锯床、砂轮切割机、显微切片机等。试样不宜过大或过小,形状要便于手持,一般为直径12～15 mm、高度12～15 mm的圆柱体,或相应尺寸的正方体。

2. 镶嵌或机械夹持

如果试样形状不规则,过于细、薄、软、易碎的或需要检验边缘组织的试样,要镶嵌或机械夹持。镶嵌分为热镶和冷镶两种。

(1) 热镶

热镶需要专门的镶嵌机加压、加热才能成型。金相试样镶嵌机主要包括加压、加热及压模三部分。外形图如图2.1所示,图2.1(a)为XQZ-2全自动型;图2.1(b)为BXQ-2半自动型。金相试样镶嵌机解剖示意图如图2.2所示。使用方法是将试样5较平整的一面作为观察面向下,放在下模6上,在套模3中加入酚醛塑料粉,加入量要超过样品高度,然后将上模2放入套模3中。转动旋钮1带动加压机构7加压至压力指示灯亮,加热器4通电加热,温度达到额定温度后,等待5～10 min,断电,除去压力,开盖,升起下模,冷却片刻后取出试样。热镶嵌试样如图2.3所示。

(a) XQZ-2 全自动型

(b) BXQ-2 半自动型

图 2.1　金相试样镶嵌机外形图

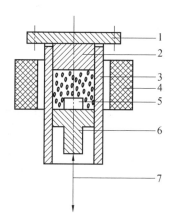

图 2.2　金相试样镶嵌机解剖示意图
1—旋钮；2—上模；3—套模；4—加热器；5—试样；6—下模；7—加压机构

（2）冷镶

对温度及压力极敏感的材料及微裂纹的试样，应采用冷镶，在室温下固化，将不会引起试样组织的变化。

冷镶方法不需要专用设备，将尺寸 $\phi 15 \sim 20$ mm 的钢管、铜管、塑料管或纸壳管截取 $10 \sim 15$ mm 长度，放在平滑的玻璃板上，试样磨面朝下置于管内，向管内倒入环氧树脂加固化剂填料，室温放置 24 h 凝固硬化即可。冷镶嵌试样如图 2.4 所示。

图 2.3　热镶嵌试样

图 2.4　冷镶嵌试样

(3)机械夹持

机械夹持是利用夹具把待磨制的试样夹在中间,增大试样与砂纸的接触面积,从而增加磨制时的平稳程度,以保证磨面平整。适用于截面比较小的试样、薄板试样等。机械夹持试样示意图如图2.5所示。夹具材料可以选用低碳钢、不锈钢等。

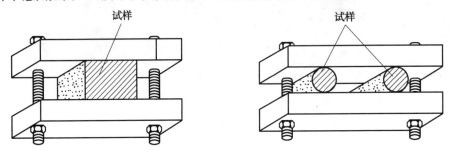

图 2.5 机械夹持试样示意图

3. 磨制

磨制分为粗磨和细磨。

(1)粗磨

粗磨的目的是为了平整试样,同时去掉截取试样时有组织变化的部分,为细磨做准备。粗磨在砂轮机上进行,试样发热要用水冷却,以免温度升高使试样组织改变。

试样磨面的边缘要用砂轮机倒角,以防后道工序中,尖角、棱角划破砂纸及抛光布。粗磨后需将试样和双手清洗干净,以防将粗砂粒带到细磨用的砂纸上,造成难以消除的深磨痕。

(2)细磨

经过粗磨后的试样表面看起来虽然比较平整,但仍有很深的磨痕,细磨的目的是消除粗磨时留下的较深的磨痕,为抛光做准备。

细磨在砂纸上进行。现有的金相砂纸有两类,一类是干砂纸,磨料多是混合刚玉;另一类是水砂纸,磨料为碳化硅,适合在有水冲刷的情况下使用。金相砂纸的规格见表2.1。

表 2.1 金相砂纸的规格

磨料微粉粒度号*	砂纸代号	尺寸范围/μm	磨料微粉粒度号*	砂纸代号	尺寸范围/μm
280	1	—	约40	—	—
320(M40 或 W40)	0	40~28	1400(M3.5 或 W3.5)	07	3.5~3.0
400(M28 或 W28)	01	28~20	1600(M3 或 W3)	08	3.0~2.5
500(M20 或 W20)	02	20~14	1800(M2.5 或 W2.5)	09	2.5~2.0
600(M14 或 W14)	03	14~10	2000(M2 或 W2)	010	2.0~1.5
800(M10 或 W10)	04	10~7	2500(M1.5 或 W1.5)		1.5~1.0
1000(M7 或 W7)	05	7~5	3000(M1 或 W1)		1.0~0.5
1200(M5 或 W5)	06	5~3.5	3500(M0.5 或 W0.5)		0.5~更细

*:磨料微粉的粒度号,按规定用目或粒度表示,它们是指标准筛网上每英寸长度上筛孔的数目。

砂纸由粗到细依次使用。将砂纸平铺在玻璃板上,一只手将砂纸按住,一只手将试样磨面轻压在砂纸上,直线向前推,不可来回运动,磨面与砂纸要完全接触,试样上的压力要均衡,磨制操作示意图如图 2.6 所示。直到磨面上仅剩下一个方向的均匀磨痕为止,如图 2.7(a)所示。然后更换细一级的砂纸。如果存在交叉方向磨痕,如图 2.7(b)所示,则暂时不能更换砂纸,要继续磨制,达到图 2.7(a)的标准为止。图 2.8 为磨制后试样变形层厚度变化示意图。

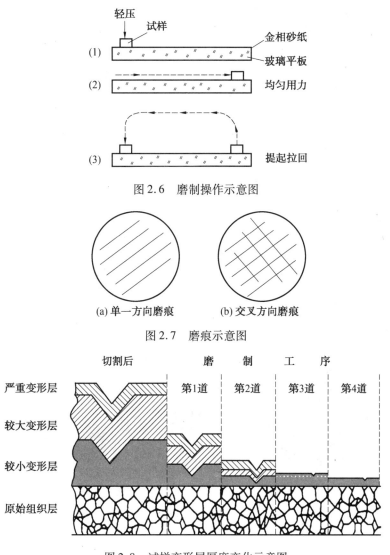

图 2.6　磨制操作示意图

图 2.7　磨痕示意图

图 2.8　试样变形层厚度变化示意图

每换一道砂纸,须将试样用水冲洗一下,并且要将试样磨制方向调转 90°,以便观察上一道磨痕是否被磨去。

4. 抛光

金相试样细磨后,有细微磨痕,通过抛光除去,使磨面呈光亮镜面。抛光的方法有机械抛光、电解抛光和化学抛光,其中最常用的是机械抛光。

(1)机械抛光

机械抛光在抛光机上进行,由电动机带动的水平抛光盘转速一般为 250 ~ 1 400 r/min。粗抛时,转速高一些;精抛或抛软材料时,转速要低一些。抛光盘上要铺上不同材料的抛光布。粗抛时用呢子,精抛时用金丝绒、丝绸等。抛光时要不断向抛光盘上加抛光液,以产生磨削和润滑作用。抛光液通常采用抛光粉与水形成的悬浮液,抛光粉有 Al_2O_3、MgO 或 Cr_2O_3 等,粒度约为 0.3 ~ 1 μm。抛光试样的磨面应均匀、平整地压在旋转的抛光盘上,试样要拿牢,与抛光布紧密接触,压力适当。抛光时要将试样逆着抛光盘的转动方向而自身转动,同时由盘的边缘到中心往复运动。抛光时间不可太长,一般情况下抛光 3 ~ 5 min 即可。试样表面磨痕消除,呈光亮的镜面,即可停止抛光。将试样用水冲洗干净,用电吹风吹干。常用抛光微粉的种类、特点及用途见表 2.2。

表 2.2 常用抛光微粉的种类、特点及用途

材　料	特　　点	适用范围
氧化铝 Al_2O_3（刚玉包括人造刚玉）	白色透明,外形呈多角形	通用于粗抛、精抛
氧化镁 MgO	白色,颗粒细而均匀,外形尖锐	铝镁及其合金,非金属夹杂物等精抛光
氧化铬 Cr_2O_3	绿色,硬度较高	淬火后的合金钢、高速钢及钛合金等
氧化铁 Fe_2O_3	红色,硬度稍低	较软金属、光学零件
碳化硅 SiC（金刚砂）	绿色,颗粒较粗	粗抛光
金刚石粉(膏)	颗粒尖锐、锋利	各种材料的粗、精抛光

PG-1A 型台式单盘金相试样抛光机如图 2.9 所示,PG-2B 型台式双盘金相试样抛光机如图 2.10 所示。

图 2.9　PG-1A 型台式单盘金相试样抛光机

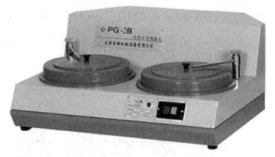

图 2.10　PG-2B 型台式双盘金相试样抛光机

(2)电解抛光

电解抛光的装置示意图如图 2.11 所示。电解抛光时把细磨后的试样浸入电解液中,接通阳极(试样)与阴极之间的电源,阴极可采用铅片或不锈钢片等,并与试样抛光面保持一定的距离（约 25 ~ 300 mm）。接通回路后在试样表面形成一层电阻膜,如图 2.12 所示。由于试样表面高低不平,电阻膜的厚度也不同。试样表面凸起部分膜薄,电阻小,电流密度大,金属溶解快;试样表面凹下部分膜厚,电阻大,电流密度小,金属溶解慢。这种

选择性的溶解结果,使试样表面逐渐平整,最后形成光滑平面。

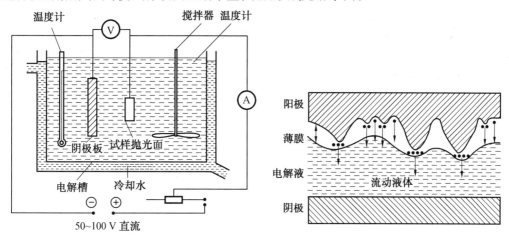

图 2.11 电解抛光装置示意图　　图 2.12 电解抛光原理示意图

电解抛光的效果,在选定的电解液条件下,取决于电流密度、温度及抛光时间等参数的选择是否恰当,其中电流密度尤为重要(一般电流密度为 40~50 A/cm^2),多由试验确定。电解抛光时间可由数秒至 5~10 min。抛光完毕后,将试样自电解液中取出,切断电源并迅速投入水中冲洗。

电解抛光系电化学溶解过程,因此它消除了机械抛光难以避免的疵病,不会引起试样表面变形。与机械抛光比较既省时间又操作简便。然而电解抛光也有其局限性,因其对材料化学成分不均匀的偏析组织以及非金属夹杂物等比较敏感,会造成局部强烈浸蚀而形成蚀坑。另外镶嵌在塑料内的试样,因不导电也不适用。铜合金、铝合金、奥氏体不锈钢及高锰钢等材料常用电解抛光。

电解液一般由三类成分组成：

①酸类。具有氧化能力,是电解液的主要成分,如过氯酸、铬酸和正磷酸等。

②溶媒。用于冲淡酸类,并能溶解在抛光过程中磨面所产生的薄膜中,如酒精、醋酸酐和冰醋酸等。

③一定数量的水分。

电解抛光液的种类很多,较为常用的钢铁材料电解液成分为:过氯酸(质量分数为70%)50 mL、乙醚质量分数为 3% 的酒精 800 mL、水 150 mL。电解抛光时的技术参数有:电流密度为 3~60 A/cm^2,电压为 30~50 V,使用温度为 20~30 ℃,抛光时间为 30~60 s 即可。

(3)化学抛光

化学抛光是用化学试剂对试样表面凹凸不平区域进行选择性溶解,从而将磨痕去除的一种方法。化学抛光不需要专用设备,成本低,操作方便,在抛光的同时还兼有化学浸蚀作用,省掉了抛光后的浸蚀步骤。但化学抛光的试样平整度略差些,仅适于低、中倍观察。对于一些软金属,如锌、铅、锡、铜等,用化学抛光要比机械抛光和电解抛光效果好。目前,其应用范围在逐渐扩大。

化学抛光液,大多数是由酸或者混合酸(如草酸、磷酸、铬酸、醋酸、硝酸、硫酸氢氟酸等)、过氧化氢及蒸馏水组成。混合酸主要起化学溶解作用,过氧化氢能增进金属表面的活化性,有助于化学抛光的进行,而蒸馏水为稀释剂。

5. 浸蚀

抛光后的试样在显微镜下只能看到孔洞、裂纹、石墨、非金属夹杂物等,要观察金属的组织,必须用适当的浸蚀剂进行浸蚀。常用的是化学浸蚀法。图2.13为单相合金浸蚀显示原理示意图。

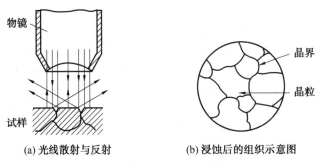

图2.13 单相合金浸蚀显示原理示意图

纯金属或单相合金的浸蚀是化学溶解过程,晶界处由于原子排列混乱,缺陷多,能量较高,优先被腐蚀,产生凹陷的沟槽。光线照射后产生散射,在显微镜中晶界呈黑色线条,如图2.14(a)所示。晶粒部分则相反,不易被浸蚀,光线照射后产生反射,呈白亮色。但是由于各个晶粒取向不同,原子排列密度有差异,耐浸蚀程度不同。在垂直光线照射下,各晶粒反射进入物镜的光线不同,所以各晶粒的明暗有区别,有的呈白色,有的呈灰色。

两相或两相以上合金的浸蚀则是一个电化学腐蚀过程。由于各相的组织成分不同,其电极电位亦不同,当表面覆盖一层具有电解质作用的浸蚀剂时,两相之间就形成许多"微电池"。具有负电位的阳极相被迅速溶解而凹下,如图2.14(b)中未受浸蚀的相。具有正电位的阴极相则保持原来的光滑平面,如图2.14(b)中受浸蚀的相。试样表面的这种微观凹凸不平对光线的反射程度不同,在显微镜下就能观察到各种不同的组织及组成相。

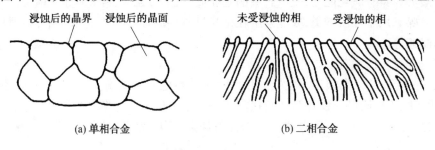

图2.14 单相合金与二相合金浸蚀后组织对比图

浸蚀时可将试样磨面进入浸蚀剂中,也可用棉花沾浸蚀剂擦拭磨面。浸蚀的深浅根据组织的特点和观察时的放大倍数来确定。高倍观察时,浸蚀要浅一些,低倍略深一些;单相组织浸蚀重一些,双相组织浸蚀轻一些。一般浸蚀到试样磨面发暗时即可。如果浸蚀不足(过浅)要重新浸蚀。浸蚀后先用水冲洗,再用酒精冲洗,用滤纸吸干,最后用吹风机吹干。

不同材料、显示不同的组织,要用不同的浸蚀剂。常用浸蚀剂见表2.3。

表 2.3 常用浸蚀剂

成　　分	浸蚀时间/浸蚀方法	用　　途
硝酸 1~5 mL,酒精 100 mL	几秒~1 min	碳钢、合金钢、铸铁
苦味酸 4 g,酒精 100 mL	几秒~几分钟	显示细微组织
盐酸 5 mL,苦味酸 1 g,酒精 100 mL	几秒~1 min,15 min	奥氏体晶粒,回火马氏体
盐酸 15 mL,酒精 100 mL	几分钟	氧化法晶粒度
硫酸铜 4 g,盐酸 20 mL,水 20 mL	浸入法	不锈钢,氮化层
苦味酸 2 g,氢氧化钠 25 g,水 100 mL	煮沸 15 min	渗碳体染色,铁素体不染色
盐酸 3 份,硝酸 1 份	浸入法	奥氏体及铬镍合金
盐酸 10 mL,硝酸 3 mL,酒精 100 mL	2~10 min	高速钢
苦味酸 3~5 g,酒精 100 mL	浸入法 10~20 min	铝合金
盐酸 10 mL,硝酸 10 mL	<70 ℃	铜合金
盐酸 2~5 mL,酒精 100 mL	几秒~几分钟	巴氏合金
氯化铁 5 g,盐酸 50 mL,水 100 mL	几秒~几分钟	纯铜、黄铜、青铜
盐酸 2 mL,水 100 mL	几秒~几分钟	镁合金
硝酸 10 mL,盐酸 25 mL,水 200 mL	>1 min	铅及铅锡合金

【实验仪器及材料】

待磨试样、砂轮机、金相砂纸及玻璃板、抛光机、抛光粉悬浮液（或抛光膏）、吹风机、金相显微镜、浸蚀剂、酒精、夹子、脱脂棉、滤纸。

【实验内容与步骤】

(1)每人领取一块金相试样；
(2)使用金相砂纸按照先粗后细,依顺序进行磨制；
(3)在抛光机上进行抛光,获得光亮镜面；
(4)用浸蚀剂浸蚀试样磨面,再用显微镜观察；
(5)对所制备的样品进行质量分析,找出不足。

【实验注意事项】

(1)使用抛光机时,当抛光机顺时针旋转时,样品要放到转盘的左边；当抛光机逆时针旋转时,样品要放到转盘的右边,以防止试样意外飞出伤人。
(2)样品抛光面要倒角,以避免尖角刮破抛光布导致样品飞出伤人。
(3)配制浸蚀剂时要遵守化学药品安全使用规范。

【实验报告要求】

(1)写出实验目的。
(2)简述金相样品的制备过程。
(3)总结金相制样的操作技巧和存在的问题。

【思考题】

(1)为什么晶界浸蚀后是黑色的?显微镜下观察到的黑白图像一般反映什么情况?
(2)磨制金相试样需要注意的问题有哪些?

实验三　数码金相显微镜的使用

【实验目的】

(1) 了解数码金相显微镜的基本组成；
(2) 初步掌握数码金相显微镜数码摄影的基本操作；
(3) 学会如何控制金相照片的质量。

【实验原理】

1. 胶片金相摄影

金相样品的显微组织可以通过金相显微镜观察。为了研究、保存、写金相分析报告或论文，需要将金相显微组织拍摄下来，这种把经过显微放大的组织拍摄下来的过程称为金相摄影。

胶片金相摄影是用带摄影装置的金相显微镜进行胶片曝光操作，胶片经过曝光后，感光乳剂膜上有"潜影"，需要在暗室内全黑条件下进行显影及定影操作。在暗室内从暗盒中取出胶片放入显影液中，使底片上受到感光的溴化银还原成细小的黑色银颗粒，感光越多的部位银粒析出越密，影像也越黑，没有感光的部位无银粒析出，仍是白色。然后将底片放入定影液中定影 15 min 以上，将没有感光的银颗粒溶解掉，而将受感光后析出的银粒保留在底片上。再进行清水冲洗 30 min 之后晾干，获得一幅完整的负片。负片还要经过印相使负片影像转印成正片影像。印相在暗室内红色灯光下进行，利用底片对相纸进行曝光，再通过显影、定影、水洗、上光操作获得照片。传统的胶片金相摄影操作非常繁杂，耗材又大，成本较高。

2. 数码金相摄影

目前广泛应用的数码金相显微镜主要由金相显微镜、摄像头、采集卡、计算机及电源组成，用相关的软件进行参数设置和数据采集，形成图像；也可以投影到大屏幕上，进行多人观察与分析，一目了然，实现金相分析多媒体教学。可提高金相检验分析的速度和准确性。取消了传统的暗室、底片冲洗、照片印制等一整套程序，并能够使大量的数据照片存储，随时可打印成照片与报告，完成了从金相照片的获取、存储、查询、打印输出到形成报告，建立档案，管理的全过程自动化，使获得每份金相照片、报告的时间仅为几分钟。同时还便于网络传输数据，使得异地委托实验方便、快捷。

3. 通用数码金相显微镜的一般操作步骤

(1) 打开显微镜电源；
(2) 打开计算机中的相关软件；

(3)将样品放在显微镜的载物台上；

(4)选择视场；

(5)选择适当的放大倍数；

(6)调节显微镜焦距使图像清晰；

(7)拍照；

(8)保存图像；

(9)用软件进行分析、测量、标注等图像处理工作；

(10)打印或者刻录数据；

(11)关闭软件窗口,关闭显微镜电源。

4. Axiovert 200 MAT 金相显微镜简介

(1)制造商

制造商为德国蔡司光学仪器公司 ZEISS。显微镜外形如图 3.1 所示。

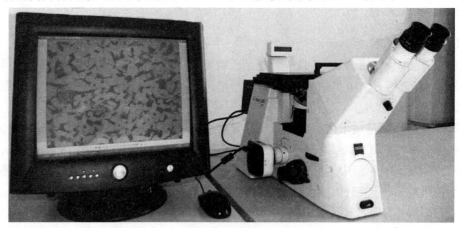

图 3.1　Axiovert 200 MAT 金相显微镜外形图

(2)主要技术参数

物镜倍数:5×、10×、20×、50×、100×；

目镜倍数:10×；

总放大倍数:50×、100×、200×、500×、1 000×；

试样移动范围:130 mm×85 mm；

光源:12 V 100 W 卤素灯。

(3)仪器特点

配备了数字摄像头,使图像数字化,采集方便快捷；配备了图像分析软件,能对金相照片进行专业处理与分析,例如:第二相面积含量测定,平均晶粒度评级,非金属夹杂物评级,石墨球化率评级,颗粒度分析,渗碳层深度测定,脱碳层深度测定等。

(4)应用范围

主要应用于反光材料上,用以鉴别和分析各种金属及合金的组织结构、形貌、夹杂、形态统计和分析；渗层组织和深度的检验等；材料质量鉴定、失效分析；原材料的检验或对金属材料热处理后金相组织的研究分析;电镜样品制备后检验。

(5)结构图

Axiovert 200 MAT 金相显微镜结构示意图如图 3.2 所示。

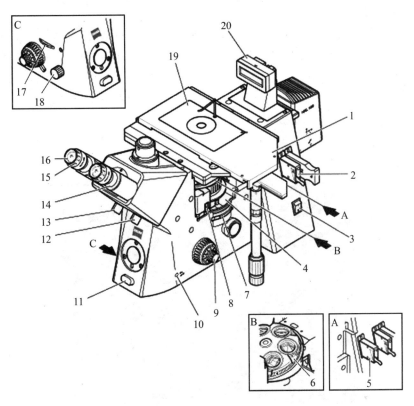

图 3.2　Axiovert 200 MAT 金相显微镜结构示意图

1—台面;2—孔径光阑滑尺;3—电源开关;4—检偏镜滑尺;5—视场光阑;6—物镜转盘;7—变倍器转盘;8—功能模块转盘;9—调焦旋钮;10—卤素灯开关;11—电压调节;12—本型号未安装;13—选择是否用目镜观看;14—双目镜筒;15—目镜控制环;16—目镜;17—侧光口转盘;18—未安装;19—载物台;20—LCD 显示屏

5. Axiovert 200 MAT 金相显微镜详细操作步骤

(1)照相操作步骤

①打开显微镜电源开关 3。

②旋转物镜转盘 6 选择合适的放大倍数。

③双击 MIAPS 图标打开软件→点击"输入",出现两个窗口"Qcapture plug-in"(所采集的图像)和"camera settings"(白平衡),将白平衡窗口关掉。

④如果图像发白或浅蓝色,表明亮度过高,按动电压调节按钮 11,使亮度降低。

⑤转动调焦旋钮 9 使图像清晰。调节位移旋钮,寻找最佳位置。

⑥点击软件中 Snap 按钮照相。

⑦最小化"Qcapture plug-in"窗口,出现的图像就是刚才拍摄的照片。

⑧点击"文件"→"另存为"→用 jpg 格式保存图像到目标文件夹。
⑨关闭已保存的图像文件,最大化"Qcapture plug-in"窗口,进行下一次的照相过程。
⑩照相结束后关闭显微镜电源开关3,关闭所有软件窗口,关闭计算机。

(2)加标尺操作步骤

打开 MIAPS 软件→点击"打开"→打开要处理的图像→点击"标尺"→自动弹出"选取标尺"对话框→选择符合本图像的倍数→点击"加载"→点击"标注"→自动弹出"图像标注"对话框→在"文件"下拉菜单中点击"打开"→出现"打开标注文件名"选择项→根据图像的倍数选择倍数→点击"打开"→所标注的图像的右下角会出现标尺→点击"合并"→保存图像,文件以副本形式保存,不改变原文件。

6. 常见合格的金相照片举例

图 3.3～图 3.12 是一些质量合格的金相组织照片。

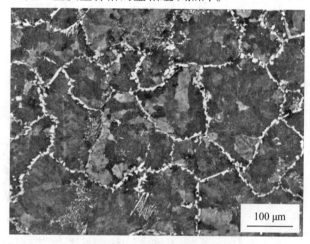

图 3.3　网状铁素体+珠光体

图 3.4　带状分布的铁素体+珠光体

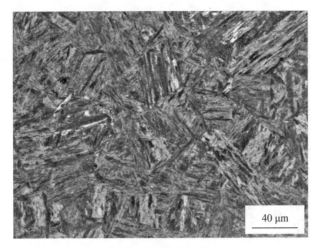

图 3.5　板条马氏体

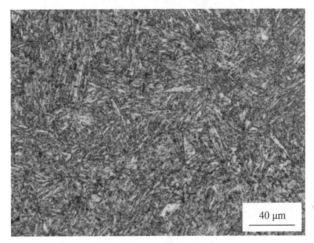

图 3.6　针状马氏体

图 3.7　下贝氏体

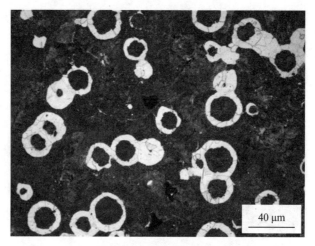

图3.8 珠光体+铁素体基体球墨铸铁

图3.9 铬镐铜合金,热压缩后的再结晶晶粒,可看到孪晶

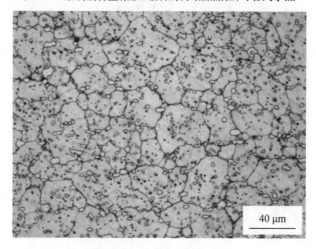

图3.10 高速钢淬火组织

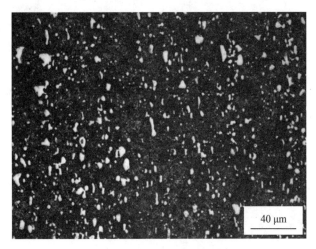

图 3.11　高速钢回火组织

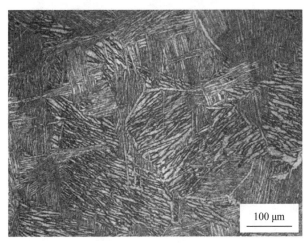

图 3.12　α+β 钛合金

7. 影响金相照片质量的因素

影响金相照片质量的因素有原材料本身缺陷、样品制备缺陷和拍摄技巧。

(1)原材料本身缺陷

①疏松孔洞

铸件中的疏松孔洞,常见于实验室里自行熔炼浇铸时(见图 3.13),照片中有黑洞出现,只能从材料浇铸工艺方面改进。

②成分偏析

由于成分不均匀导致的各部分组织耐浸蚀程度不一致,如图 3.14 所示,照片中浅色区域和深色区域交替分布。只能从材料轧制工艺上改进。

(2)样品制备缺陷

①腐蚀坑

如图 3.15 所示,照片中的黑点即为腐蚀坑,产生原因是样品浸蚀后没有及时冲洗干净。解决方法是,如果腐蚀坑较浅,重新抛光,浸蚀后及时并且彻底地清洗,及时并且彻底地用吹风机吹干。如果腐蚀坑较深,需要用细砂纸重新磨制后抛光,再浸蚀。

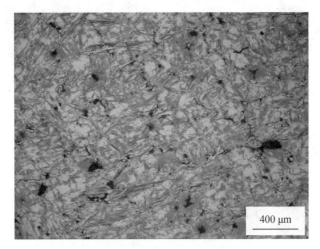

图 3.13　材料有疏松孔洞

图 3.14　材料成分偏析

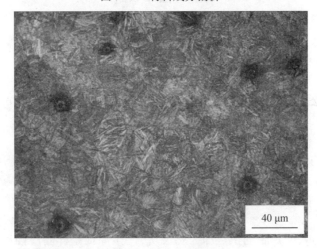

图 3.15　样品有腐蚀坑

②浸蚀过度

如图3.16所示,组织已经发黑,有氧化层,有大量的腐蚀坑。解决方法同腐蚀坑的方法。

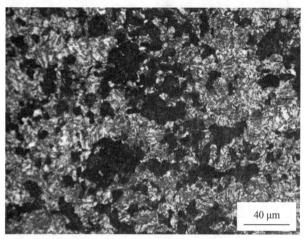

图3.16 样品浸蚀过度

③浸蚀过浅

如图3.17所示,组织轮廓没有显现出来。解决方法是重新浸蚀。

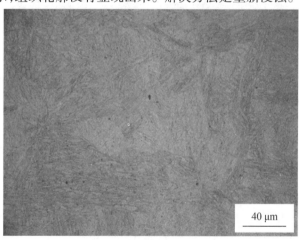

图3.17 样品浸蚀过浅

④有划痕

如图3.18所示,原因是磨制或抛光不彻底。解决方法是,视划痕深浅程度,选择重新磨制或抛光。

⑤样品不平

由于金相显微镜景深小,且倍数越大,景深越小,样品磨制过程中或多或少都有微小的不平整,就是有弧度。如果样品观察区域的高低之差超过了显微镜的景深,反映到照片上就是一部分区域清晰,另一部分区域模糊;调焦距后,情况反过来,刚才清楚的区域模糊,另一部分变清晰了,即整个视野不能同时聚上焦,如图3.19所示。

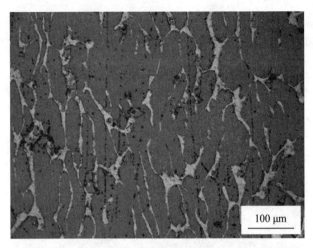

图 3.18　样品有划痕

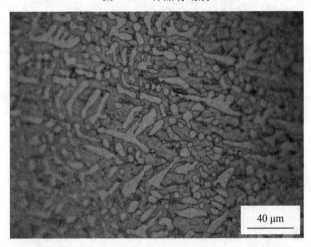

图 3.19　样品不平

解决方法：

a. 改进磨制样品的手法，用力均匀，使样品尽量趋近平整。

b. 改用低的放大倍数观察拍摄。

c. 从样品整个观察面来讲，样品的中心要比边缘更平整，边缘容易出圆弧，所以尽量观察样品的中心部分。

d. 如果必须观察样品边缘，比如镀层样品，渗碳样品等，这样的样品要镶嵌。

e. 样品观察面较小时，磨制过程中不易拿稳，极易出现弧度，也要镶嵌。

(3)拍摄技巧

①亮度过高

如图 3.20 所示，由于亮度过高，导致大量的细节丢失，出现空白区域。

解决方法：

a. 降低亮度，使组织最浅色部分（灰度值最小的部分）能看到细节。

b. 如果样品浸蚀过重，氧化层太厚，组织颜色过深，这时要重新制样，而不是依靠提高亮度来解决。

②视野过小

选择放大倍数时,要根据组织的粗细情况而定,不要盲目追求高倍数,既要能分辨清楚组织,又要使组织有重复性。视野如果过小,组织没有重复性,如图3.21所示。

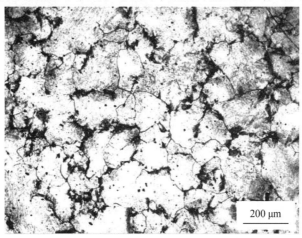

图 3.20　拍摄亮度过高

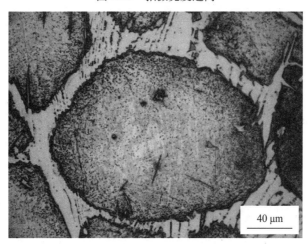

图 3.21　拍摄视野过小

【实验仪器及材料】

数码金相显微镜,金相试样,打印机,相纸,光盘等。

【实验内容与步骤】

每人选取一个金相试样,从选取视场、调节显微镜到拍照、图像处理,完成一次照相的全过程。

【实验注意事项】

(1)遵守仪器操作规程。测试中仪器出现异常要停止使用,及时告知管理者。

(2)严禁将腐蚀性物质接近显微镜。严禁用手直接触摸显微镜镜头,镜头不干净时,要用镜头纸擦拭。

(3)操作过程中动作要慢,不得用力强行转动,否则会损坏部件。

【实验报告要求】

(1)写出实验目的。

(2)简述本实验中金相显微镜的照相操作步骤。

【思考题】

在数码金相摄影中,制样和拍摄要注意哪些问题?

实验四　常见晶体结构的刚球堆垛模型分析

【实验目的】

(1) 掌握面心立方(FCC)、体心立方(BCC)和密排六方(HCP)的晶体结构及原子的排列位置和致密度；

(2) 掌握上述三种晶体结构中常用的晶面及晶向的几何位置,掌握晶向指数和晶面指数的确定方法；

(3) 熟悉面心立方和密排六方晶体结构中密排面的原子堆垛顺序；

(4) 熟悉四面体间隙和八面体间隙的位置与分布。

【实验原理】

1. 晶体

物质的原子(分子或离子)在三维空间按一定规律呈周期性重复排列,即构成晶体。晶体材料的性质与其结构密切相关。在晶体学中,基本的概念包括空间点阵、晶胞、晶向与晶向指数、晶面与晶面指数等。

2. 典型金属的晶体结构

晶体中的原子(分子或离子)在三维空间的具体排列方式称为晶体结构。最常见的金属的晶体结构有三种:面心立方(FCC)、体心立方(BCC)和密排六方(HCP)。

(1) 面心立方结构(FCC)

面心立方结构的晶胞如图4.1所示。由图可知,面心立方晶胞中,除了晶胞的八个角上各有一个原子外,在每个立方体面的中心还有一个原子。由于每个晶胞角上的原子属于相邻八个晶胞所共有,而位于面中心的原子属于相邻两个晶胞所共有,所以,面心立方晶胞中的原子数为

$$\frac{1}{8} \times 8 + \frac{1}{2} \times 6 = 4$$

(a) 刚球模型　　　　　　(b) 质点模型　　　　　　(c) 晶胞中的原子数

图 4.1　面心立方晶胞

(2)体心立方结构(BCC)

体心立方结构的晶胞如图4.2所示。由图可知,体心立方晶胞的八个角上各有一个原子,构成立方体,并在立方体的中心还有一个原子。由于每个晶胞角上的原子属于相邻的八个晶胞所共有,而体心的原子完全属于这个晶胞,所以,体心立方晶胞中的原子数为

$$\frac{1}{8} \times 8 + 1 = 2$$

 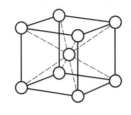 

(a) 刚球模型　　　　　　　(b) 质点模型　　　　　　　(c) 晶胞中的原子数

图4.2　体心立方晶胞

(3)密排六方结构(HCP)

密排六方结构的晶胞如图4.3所示。在这种晶胞中,上、下底面正六边形各顶角上的原子各为相邻的六个晶胞所共有,这两个面中心的原子各为相邻的两个晶胞所共有,加上晶胞内的三个原子,那么,密排六方晶胞中的原子数为

$$\frac{1}{6} \times 12 + \frac{1}{2} \times 2 + 3 = 6$$

 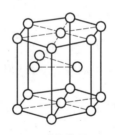 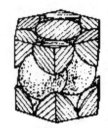

(a) 刚球模型　　　　　　　(b) 质点模型　　　　　　　(c) 晶胞中的原子数

图4.3　密排六方晶胞

晶体结构的表征参数主要包括:晶胞大小、晶胞原子数、原子半径、配位数与致密度、间隙半径等。每种金属在一定的温度下有其特定的晶胞尺寸(晶胞大小)。晶胞大小用点阵常数(晶格常数)来表征。立方晶系的晶格常数为a(棱边长度),密排六方晶系的晶格常数分别为a(正六边形底面边长)和c(上下底面的距离,即晶胞高度)。原子排列的紧密程度用配位数和致密度来表征。

3. 晶向指数

在晶体结构中,原子在空间排列的任一直线方向即构成一个晶向。晶向用晶向指数$[uvw]$来表示,其中,u、v、w三个数字是晶向矢量在参考坐标系X、Y、Z轴上的矢量分量经等比例简化而得到的。一个晶向指数代表一组(所有)相互平行、方向一致的晶向。如果晶向指数数字相同,而符号相反,则这两组晶向相互平行,方向相反。

在晶体中,原子排列完全相同、空间位向不同的所有晶向即构成一个晶向族。晶向族用⟨uvw⟩来表示。

立方晶系的晶向指数如图4.4所示。

4. 晶面指数

在晶体结构中,由原子构成的任一平面即为晶面。晶面用晶面指数(hkl)来表示,其中,h,k,l是晶面在三个坐标轴上截距的倒数的互质整数比。一个晶面指数代表一组(所有)相互平行的晶面。

在晶体中,原子排列完全相同,空间位向不同的所有晶面即构成一个晶面族。晶面族用{hkl}来表示。

立方晶系的晶面指数如图4.5所示。

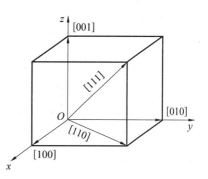

图4.4 立方晶系的晶向指数

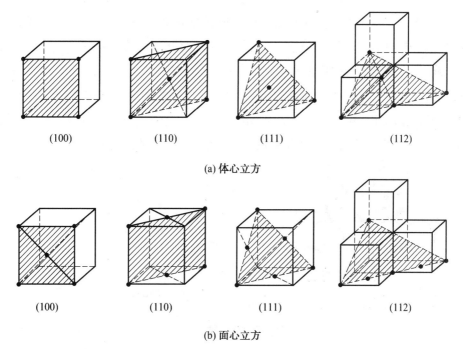

图4.5 立方晶系的晶面指数

5. 六方晶系的晶面指数和晶向指数

六方晶系采用 a_1、a_2、a_3 和 c 四轴定向,a_1、a_2、a_3 之间的夹角均为120°,c 轴与它们垂直。晶面指数用(hkil)表示,晶面族指数用{hkil}表示,其中,h,k,i 有如下关系

$$i = -(h+k) \tag{4.1}$$

晶向指数用[uvtw]表示,晶向族指数用⟨uvtw⟩表示,其中,t,u,v 有如下关系

$$t = -(u+v) \tag{4.2}$$

六方晶系的晶面及晶向指数如图4.6所示。

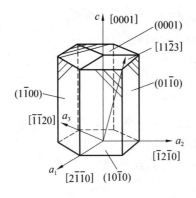

图 4.6　六方晶系的晶面及晶向指数

6. 晶体中原子的堆垛方式

在刚球模型的基础上,晶体可以看成是由某些晶面(或层)在空间按一定规律逐层堆垛而成的。面心立方结构的密排面是(111),密排方向是[110];密排六方结构的密排面是(0001),密排方向是[11$\bar{2}$0]。这两种结构的密排面上原子的排列方式完全相同,但两种晶体结构密排面的堆垛顺序是有差别的。面心立方结构以密排面按 ABCABC…顺序堆垛而成,而密排六方结构以密排面按 ABABAB…顺序堆垛而成。其中,A,B,C 均表示堆垛时原子所占据的相应位置,如图 4.7 所示。虽然面心立方结构和密排六方结构的原子堆垛顺序有差别,但并不影响原子排列的紧密程度,故两者都是最紧密排列。

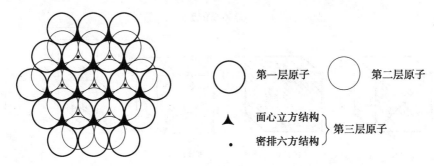

图 4.7　面心立方和密排六方结构中原子的堆垛方式

7. 晶体结构中的间隙

根据金属原子排列的刚球模型可以看出,在钢球之间存在着许多间隙。分析间隙的位置、数量和每个间隙的大小,对于了解材料的相结构、性能、扩散以及相变等都非常重要。

在三种典型金属晶体结构中,面心立方、体心立方和密排六方均存在两种间隙,即四面体间隙和八面体间隙,具体如图4.8、图4.9、图4.10所示。

三种典型金属晶体结构的有关参数值见表4.1。

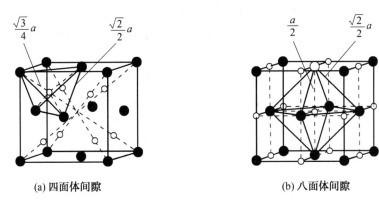

(a) 四面体间隙　　　　　　(b) 八面体间隙

图 4.8　面心立方结构的间隙

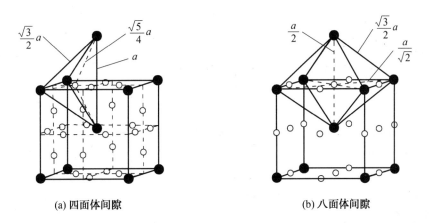

(a) 四面体间隙　　　　　　(b) 八面体间隙

图 4.9　体心立方结构的间隙

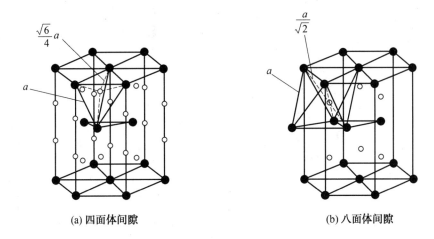

(a) 四面体间隙　　　　　　(b) 八面体间隙

图 4.10　密排六方结构的间隙

表 4.1 三种典型金属晶体结构的参数值

晶体结构	晶胞中原子数	原子半径	配位数	致密度	八面体间隙半径	四面体间隙半径
体心立方	2	$\frac{\sqrt{3}}{4}a$	8	0.68	$0.067a$	$0.126a$
面心立方	4	$\frac{\sqrt{2}}{4}a$	12	0.74	$0.146a$	$0.08a$
密排六方	6	$\frac{1}{2}a$	12	0.74	$0.207a$	$0.112a$

注：a—晶格常数，通常以纳米(nm)为单位。

由表 4.1 中的配位数值和致密度值可知，面心立方和密排六方晶格是原子最紧密的排列方式，体心立方晶格是原子次紧密的排列方式。由间隙半径值可知，面心立方八面体的间隙半径比体心立方中间隙半径较大的四面体间隙半径还大，因此面心立方结构的 γ-Fe 的溶碳量大大超过体心立方结构的 α-Fe，这也是渗碳需在较高温度下进行的主要原因之一。

8. 共价晶体的晶体结构

在元素周期表中，ⅣA、ⅤA、ⅥA 族元素大多数以共价键结合。共价键的配位数很小，其致密度很低。

C、Si、Ge 为ⅣA 族元素，具有金刚石结构，配位数为 4。其原子通过 4 个共价键结合在一起，形成一个四面体，这些四面体以共顶方式共价结合，构成一种大型立方结构，属面心立方点阵，每个阵点上有 2 个原子，每个晶胞有 8 个原子，如图 4.11 所示。

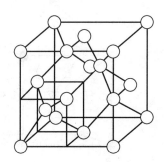

图 4.11 金刚石结构

As、Sb、Bi 为ⅤA 族元素，具有菱形层状结构，配位数为 3。层内是共价键结合，层间带有金属键，因此，它们同时具有金属和非金属的特性，如图 4.12 所示。

Se、Te 为ⅥA 族元素，呈螺旋分布的链状结构，配位数为 2。链本身为共价键结合，链与链之间为范德华键结合，如图 4.13 所示。

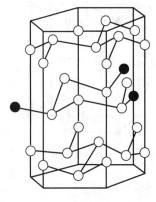

图 4.12 砷的层状结构

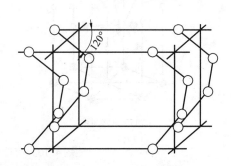

图 4.13 砷的链状结构

9. 离子晶体的晶体结构

离子键化合物的晶体结构主要取决于正、负离子半径及配位数和离子堆垛方式。而离子半径并非绝对不变,同一离子随价态、配位数的不同,离子半径将发生变化。在离子晶体中,配位数主要决定于正、负离子的半径比。

下面介绍几种简单的离子晶体结构类型,具体如图 4.14 所示。图 4.14(a) 为 CsCl 型结构,属简单立方点阵。负离子占据阵点位置,正离子占据立方体间隙位置,配位数为 8,如 Cs、CsBr 等。图 4.14(b) 为 NaCl 型结构,属面心立方点阵。负离子占据阵点位置,正离子占据八面体间隙,配位数为 6。每个晶胞有 4 个负离子、4 个正离子,如 NaCl、KCl、MgO、CaO 等。图 4.14(c) 为萤石结构,亦即 CaF_2 型结构,属面心立方点阵。负离子占据四面体间隙位置,正离子占据阵点位置。负离子配位数为 4,正离子配位数为 8,如 CaF_2、ZrO_2、CeO_2 等。如果金属与非金属位置互换,则称为反萤石结构,亦即反 CaF_2 型结构,如 Li_2O、Na_2O、K_2O、Mg_2Si 等。

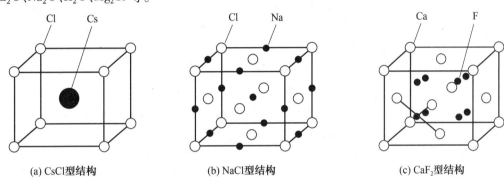

(a) CsCl型结构　　　　(b) NaCl型结构　　　　(c) CaF_2型结构

图 4.14　典型的离子化合物的晶体结构

由上述结果可知,在多数离子晶体中,一般离子半径较大的负离子占据阵点位置而构成骨架,可以是简单立方、面心立方、密排六方等;正离子按自身的大小居于相应的负离子的空隙中,配位数由离子半径比决定。

10. 高分子化合物的结构

高分子化合物的结构较为复杂,因其分子链结构单元的化学组成不同、结构不同,而导致性能各异,这主要是由于不同原子间、分子链间的结合力大小不同所致。

高分子链可有几种不同的几何形态,如图 4.15 所示。

(1) 线型分子链

由许多链节组成长链,一般是卷曲成线团状。此类高聚物的特点是具有较低的硬度、较好的弹性和塑性,是典型的热塑性材料,结构如图 4.15(a) 所示。

(2) 支链型分子链

在主链上带有支链。这类高聚物的性能接近线型分子链高聚物,结构如图 4.15(b) 所示。

(3) 体型分子链

分子链之间有许多链节发生横向交联,即网状联结。此类聚合物具有较高的硬度、较大的脆性,几乎无弹性和塑性,是典型的热固性材料,结构如图 4.15(c) 所示。

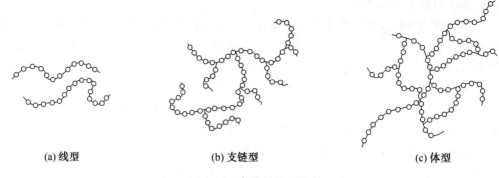

(a) 线型　　　　　　　　(b) 支链型　　　　　　　　(c) 体型

图 4.15　高分子链的形态

11. 陶瓷材料的典型结构

陶瓷是由金属(类金属)和非金属元素之间形成的化合物。化合物结合键主要是离子键或共价键。它们可以形成晶体,如 MgO、Al_2O_3、ZrO_2、SiC 等;也可以形成非晶体,如玻璃等。

(1)离子晶体陶瓷结构

Al_2O_3、Cr_2O_3 等属于刚玉结构型,如图 4.16 所示。氧离子位于密排六方阵点位置,铝离子位于氧离子组成的八面体间隙位置,但只填 2/3,如图 4.16(a)所示。铝离子的排列要满足铝离子之间的间隙最大,因此每三个相邻的八面体间隙就有一个是有规律地空着,如图 4.16(b)所示。每个晶胞有 6 个氧离子,4 个铝离子。

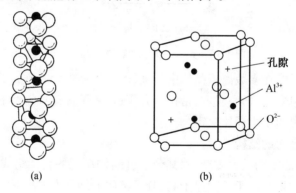

图 4.16　Al_2O_3 晶体结构

(2)共价晶体陶瓷结构

共价晶体陶瓷多属于金刚石结构,或由其派生出的结构。

SiC 结构与金刚石结构类似,只不过是将位于四面体间隙的碳原子全部换成了硅原子,属于面心立方点阵,单胞拥有 4 个硅原子、4 个碳原子,如图 4.17 所示。

SiO_2 也为面心立方点阵,如图 4.18 所示。每个硅原子被 4 个氧原子包围,形成[SiO_4]四面体,四面体之间又都以共有顶点的氧原子相互连接。若四面体长程有序连接,则形成晶态 SiO_2。每个单胞共有 24 个原子,其中,8 个为硅原子、16 个为氧原子。

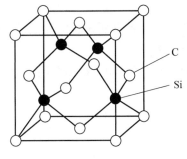
图 4.17　SiC 结构

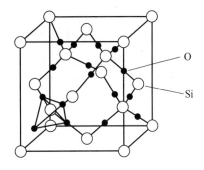
图 4.18　SiO_2 结构

【实验仪器及材料】

(1)有机玻璃盒、涂有凡士林油的钢球或玻璃球、医用镊子(每人一套);
(2)晶体结构模型。

【实验内容与步骤】

(1)把球作为金属原子,根据三种晶体结构的晶格常数,构建三种典型晶体结构;
(2)根据构建的晶体结构模型,确定面心立方和体心立方晶体的(100)、(110)、(111)、(112)晶面和〈100〉、〈110〉、〈112〉晶向;
(3)在上述晶面上,至少确定三个不同方位原子列的晶向指数;
(4)用球按密排面堆垛顺序,堆垛出面心立方和密排六方晶体结构;
(5)借助晶体结构模型,分析三种晶体结构中四面体间隙和八面体间隙的位置。

【实验注意事项】

(1)实验课前认真预习,熟悉实验内容;
(2)实验过程中,积极动手堆垛结构模型,仔细观察、分析并充分了解不同材料的空间结构及原子堆垛方式;
(3)遵守实验室的规章制度。

【实验报告要求】

(1)分别画出面心立方、体心立方和密排六方晶胞;
(2)在面心立方和体心立方晶体结构中标出常用的(100)、(110)、(111)、(112)晶面以及〈100〉、〈110〉、〈112〉晶向;
(3)示意画出面心立方和密排六方结构的密排面堆垛次序。

【思考题】

(1)试分析在立方晶系中晶向族〈100〉、〈110〉和〈111〉各自包含几个晶向,并分别写出其晶向指数。如果不是立方晶系,在晶向指数数值不变,而仅改变晶向指数的顺序后所表示的晶向还属于同一晶向族吗,为什么?

(2)试分析在立方晶系中晶面族{100}、{110}和{111}各自所包含的晶面,写出其晶面指数,并画出三个晶面族各自所包含的所有晶面示意图。

(3)为什么面心立方晶体和体心立方晶体的结构不同、原子堆垛顺序不同,而致密度却相同?

(4)试比较碳在 α-Fe 和 γ-Fe 中溶解度的大小,并分析其原因。

实验五　晶体结晶过程观察分析

【实验目的】

(1) 了解材料结晶规律,认识结晶的基本过程;
(2) 分析晶体生长形态及不同结晶条件对晶粒大小的影响;
(3) 掌握不同浇铸条件对铸锭宏观组织的影响规律。

【实验原理】

物质由液态凝固形成晶体的过程称为结晶。晶体结晶时,当温度降至熔点 T_m 时并不立即开始结晶,而是降到 T_m 以下的某一温度后结晶才开始,这一现象称为过冷。熔点与实际结晶温度之差 ΔT 称为过冷度。过冷现象表明,金属结晶必须具有一定的过冷度,为结晶提供相变驱动力。

盐和金属均为晶体,无论盐的结晶、还是金属的结晶或者金属在固态下的再结晶,都遵循晶核形核和晶核长大两个过程。晶核长大过程可以观察到,但晶核形核时由于晶核尺寸太小而不能用普通光学显微镜观察到。金属和盐类晶体的结晶都是最常见的树枝状晶体,因此可通过直接观察透明盐类的结晶过程来了解金属的结晶过程。

1. 盐的结晶过程

在玻璃片上滴上一滴接近饱和的氯化铵(NH_4Cl)水溶液,放在显微镜下观察其结晶过程。随着液体的蒸发,溶液逐渐变浓,达到饱和。由于液滴边缘处最薄,因此蒸发最快,将首先达到饱和,开始结晶,然后逐渐向内扩展,如图 5.1 所示。

由此,氯化铵(NH_4Cl)水溶液的结晶过程可分为以下三个阶段:

(1) 第一阶段是在液滴的最外层形成一圈细小的等轴晶体。这是由于液滴外层蒸发最快,在短时间内形成了大量晶核之故,如图 5.2(a)所示。

(2) 第二阶段是形成较为粗大的柱状晶体,其成长的方向是伸向液滴的中心。这是由于此时液滴的蒸发已比较慢,而且液滴的饱和顺序是由外向里的,最外层的细小等轴晶中只有少数位向有利的才能向中心生长,而其横向生长则受到了彼此间的限制,因而形成了比较粗大、带有方向性的柱状晶体,如图 5.1(a)、(b)和图 5.2(b)所示。

(3) 第三阶段是在液滴中心部分形成不同位向的等轴晶体。这是由于液滴的中心此时也变得较薄,蒸发也较快,同时液体的补充也不足的缘故。这时可以看到明显的等轴晶体,如图 5.1(c)和图 5.2(c)所示。

需要说明的是,氯化铵水溶液结晶是依靠水分的蒸发使溶液过饱和而结晶,而金属结晶则是液态金属在冷却时存在一定的过冷度条件下发生的。虽然它们存在上述差别,但结晶过程和所得的结晶组织很相似,即晶体通常是以枝晶形式生长的。

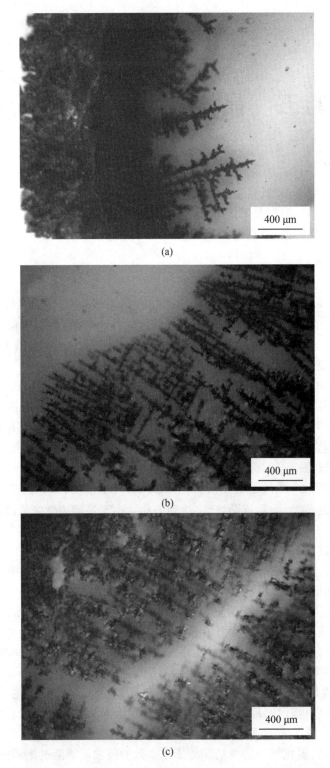

图 5.1 盐结晶过程示意图

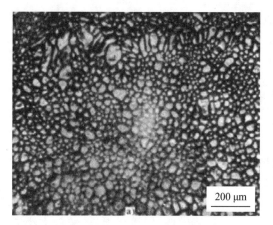
(a) 最外层的等轴细晶区

(b) 次层粗大柱状晶区

(c) 中心粗大等轴树枝晶

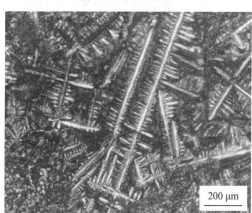
(d) 结晶终了

图 5.2　结晶过程三个阶段形成的三个区域

2. 金属铸锭的结晶过程

典型金属在结晶过程中具有粗糙的微观固-液界面,当界面前沿的液体具有负温度梯度时,由于界面变得不稳定,晶体将以枝晶形态生长;即使在正的温度梯度下,如果金属纯度不高,也会以枝晶形态生长。由于金属不透明,不能从外部直接观察铸锭内部的组织。可将铸锭沿纵向或横向剖开,经过磨制和腐蚀,把内部组织显示出来,从而可用肉眼或低倍放大镜观察其内部组织,如晶粒大小、形状及分布等。

典型的铸锭组织与盐结晶组织相似,都分为三个区域,如图 5.3 所示。

图 5.3　典型铸锭的组织示意图
1—细晶区;2—柱状晶区;3—等轴晶区

(1) 铸锭表层——细晶区(激冷等轴晶区)

当液体金属被浇铸到铸模中时,结晶首先从靠近模壁处开始,模壁温度低,过冷度极大,晶核产生多,且长大时很快接触,从而形成细小的等轴晶粒,且组织致密,成分均匀。

(2)铸锭过渡区——柱状晶区

这是表层向中心生长的区域,由垂直于模壁的彼此平行的柱状晶粒组成,组织致密。在表层细晶区形成后,由于结晶时释放潜热,故细晶区前沿液体的过冷度减小,形核变得困难,只有已形成的晶体向液体中生长,此时热量的散失垂直于模壁,故已有的晶粒就会优先沿着与散热相反的方向择优生长而形成柱状晶区。

(3)铸锭中心——等轴晶区

柱状晶区形成时也释放大量潜热,使散热速度进一步减慢,导致柱状晶体也停止长大。当心部液体全部冷至实际结晶温度以下时,在杂质作用下以非均匀形核方式形成许多尺寸较大的等轴晶粒。

影响铸锭组织的因素很多,如浇铸温度、铸模材料、铸模壁厚、铸模温度、铸锭大小以及是否加晶粒细化剂等。在实际情况下,由于铸造条件不同,三个晶区发展的程度也往往不同,在某些情况下,可能只有两个晶区,有时甚至只有一个晶区。可改变的情况如下:

(1)采用金属模及增加其模壁厚度,可使液态金属获得较大的冷却速率,造成较大的内外温差,将有利于柱状晶区的发展,如图5.4(表5.1中的1号样品)和图5.5(表5.1中的2号样品)所示。图5.4中的纯Al铸锭的组织是用砂型模子,而图5.5中给出的组织是用相同壁厚的铸铁模子形成的,后者的冷却能力比前者大,从而后者条件下形成的柱状晶更明显。另外,浇铸温度越高,内外温差就越大,冷凝所需时间就越长,从而使柱状晶有充分的时间和机会得到发展,甚至中心区域尚未形核时柱状晶就会扩展到铸锭中心,从而就没有中心等轴晶形成,如图5.6所示(表5.1中的4号样品),此时提高了纯Al液体的浇铸温度,其他条件不变,造成更大的温度过冷。若改变条件使内外温度减小,即将铸模预热,则利于粗大等轴晶粒的长大,如图5.7所示(表5.1中的3号样品)。

(2)加入一定的晶粒细化剂,可促进非均匀形核,提高形核率,在其他条件相同的情况下有利于得到细小的等轴晶粒。和图5.5相比,图5.8给出的组织(表5.1中的5号样品)晶粒更加细小,原因就在于在液态Al中加入了Ti粉变质剂,作为液体形核的核心。但如果液态金属过热程度太大,将使非自发核心数目减少,易得到较粗大的柱状晶。

(3)机械震动、磁场搅拌、超声波处理等,可促进形核,减弱柱状晶的发展。

表5.1 系列纯铝铸锭的浇铸工艺

试样号	1	2	3	4	5
浇铸温度/℃	700	700	700	850	700
模型	室温砂模(壁厚10 mm)	室温铸铁模(壁厚10 mm)	500 ℃预热铸铁模(壁厚10 mm)	室温铸铁模(壁厚10 mm)	室温铸铁模(壁厚10 mm)
其他条件	—	—	—	—	加Ti粉
组织图	图5.4	图5.5	图5.7	图5.6	图5.8

【实验仪器及材料】

(1)实验仪器:光学显微镜,放大镜,烧杯,玻璃棒,镊子,滴管等。

（2）实验材料：氯化铵水溶液；不同铸造条件下工业纯铝铸锭的系列组织样品。

【实验内容与步骤】

1. 观察氯化铵饱和溶液的结晶过程

用玻璃棒引一小滴氯化铵溶液到玻璃片上，然后放置在生物显微镜的试样台上进行观察。要注意所引液滴不可太大，否则蒸发太慢不易结晶；且要保持清洁，不要让外来物质落入液滴而影响结晶过程。在使用显微镜时，应注意防止液滴流到试样台或显微镜的其他部位，尤其不能让液滴碰到物镜。

2. 分析凝固条件对纯铝铸锭组织的影响

观察不同凝固条件下的系列纯铝铸锭的组织，其凝固条件见表5.1，主要为不同冷却速度和不同浇铸温度，其中不同冷却速度通过改变模壁厚度来实现；结合理论，研究凝固条件对铸锭组织的影响。另外，可根据实际情况，改变浇铸工艺。

(a) 横截面　　　　　　　　　　　　(b) 纵截面

图 5.4　1 号试样 700 ℃+室温砂模（壁厚 10 mm）

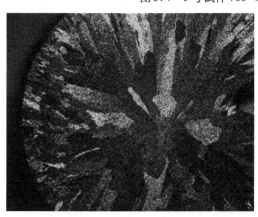

(a) 横截面　　　　　　　　　　　　(b) 纵截面

图 5.5　2 号试样 700 ℃+室温铸铁模（壁厚 10 mm）

(a) 横截面　　　　　　　　　　　(b) 纵截面

图 5.6　4 号试样 850 ℃+室温铸铁模(壁厚 10 mm)

(a) 横截面　　　　　　　　　　　(b) 纵截面

图 5.7　3 号试样 700 ℃+500 ℃预热铸铁模(壁厚 10 mm)

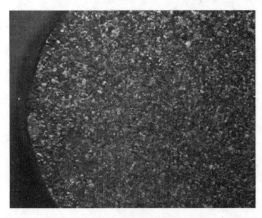

(a) 横截面　　　　　　　　　　　(b) 纵截面

图 5.8　5 号试样 700 ℃+室温铸铁模(壁厚 10 mm)+变质剂 Ti 粉

获取观察组织用的铸锭的试验步骤如下,可根据实际情况确定是否实际开设。

(1)将熔融的液态金属铝浇铸到模内,一个组浇铸一个铸锭。

(2)冷却后将铝锭取出,分别在两端打上记号,以便识别。

(3)将铝锭用虎钳夹住,一个离锭底 25 mm 处锯开,锯断面尽量与锭的长轴垂直,一个沿纵轴锯开,锯时防止偏斜。

(4)锯断面用锉刀锉平,然后用 200# 砂纸磨平。

(5)磨好后不必抛光,先水洗,再用酒精洗净吹干,然后将磨面浸入 1∶1 的硝酸盐酸溶液中,在溶液中来回移动,约 2 min,铸锭组织清晰显示后,取出洗净,吹干。

图 5.4 至图 5.8 为表 1 中列出的不同工艺条件下的纯铝铸锭的粗视组织图,铸锭直径为 50 mm。

【实验注意事项】

(1)所引 NH_4Cl 液滴不可太大,否则蒸发太慢不易结晶;同时要保持清洁,不要让外来物质落入液滴而影响结晶过程。

(2)浇铸样品时要戴好防护用具,注意安全;同时锯开样品时注意手的防护。

(3)使用显微镜时,操作要谨慎,不能有剧烈的动作。不允许自行拆卸光学系统。

【实验报告要求】

(1)简述实验目的。

(2)绘出所观察到的氯化铵溶液结晶过程示意图,并简述结晶过程。

(3)绘出所观察到的金属纯铝铸锭的组织示意图,注明铸造条件、放大倍数,并简要对组织形成进行说明。

【思考题】

(1)将自己观察到的纯铝铸锭的组织与同组他人观察到的铸锭组织进行对比,给出组织存在差别的具体原因,并说明如何影响铸锭组织。

(2)根据实验,给出金属结晶规律。

实验六　二元合金相图分析及典型组织观察

【实验目的】

(1) 掌握根据二元系合金相图分析凝固组织的方法；
(2) 熟悉典型共晶系合金的显微组织特征；
(3) 了解共晶系合金的初晶及共晶形态；
(4) 分析二元合金的不平衡凝固组织，掌握其组织特征及其与平衡组织的差别。

【实验原理】

系统组元数为2的相图即二元相图(binary phase diagram)。这类二元凝聚态相图包括匀晶相图、共晶相图、包晶相图等几种基本类型。分析二元合金相图及其典型合金的平衡组织有着重要的理论和实际意义。

一般的，组织和结构是有区别的，主要表现在它的尺度不同。组织是显微尺度，结构是原子尺度。研究合金的显微组织时，常根据该合金系的相图，分析其凝固过程，从而得知合金缓慢冷却后应具有的显微组织。显微组织是指各组成物的本质、形态、大小、数量和分布特征。组织特征不同，即使组织组成物的本质相同，合金的性能也不同。而结构是指组成金属合金的同类或异类原子在三维空间的排列情况，目前，一般是用X射线衍射分析才能确定。

合金在室温下可以同时存在几种晶体结构，即可以多相共存，因而组织组成相比纯金属复杂很多。而合金的组织，既可由单相组成，也可由两相甚至多相组成。不同的相可以构成不同的组织。单相合金既可以是纯金属或以金属为溶剂的固溶体，也可以是不同组元之间形成的化合物或以化合物为基的固溶体。

两相或多相合金的组织中，数量较多的一相称为基体相，大多是以金属为溶剂的固溶体。其余的相可以是合金的另一组元为基体形成的固溶体或另一组元的纯金属；也可以是合金各组元形成的化合物或以化合物为溶剂的固溶体。合金的相组成说明合金有几种相和由哪几种相组成。合金的显微组织分析就是进一步分析相的组成、分布和形态，即研究各相的生成条件、数量、形状、大小以及它们之间的相互分布状态及其关系。

1. 匀晶相图及其典型合金组织观察与分析

固溶体结晶时，先从溶体中析出的固相成分与后从溶体中析出的固相成分是不同的。冷却速度慢(平衡凝固)时，固相原子经过充分扩散，最后可以得到成分均匀的单相固溶体;冷却快时,固相原子来不及扩散均匀,从而使凝固结束后晶粒内各部分存在浓度差别,故各处耐腐蚀性能不同,浸蚀后在显微镜下呈现树枝状特征。

以 Cu-Ni 二元合金为例,图 6.1(a)为 Cu-Ni 二元合金相图。由相图可知,二元铜镍合金不论含镍多少均为单一的 α 相固溶体。由于液相线和固相线的水平距离较大,加之镍在铜中的扩散速度很慢,因而 Cu-Ni 二元合金的铸造组织均存在明显的偏析。凝固时,晶体前沿液体中出现了成分过冷,形成负的温度梯度,故晶体以树枝状方式生长。电子探针微区分析结果表明,组织中白亮部分(即枝干部位)含高熔点组元 Ni 的比例较高,比较耐腐蚀,因而呈白色;而暗黑部分(枝间部位)含低熔点组元 Cu 较多,不耐腐蚀,因而呈黑色。这种组织如图 6.1(b)所示,称枝晶偏析组织(晶内偏析),枝干与枝间的化学成分不均匀。这种树枝状组织甚至可一直保持到热加工之后。

铜中加镍后,紫铜的颜色发生明显的改变,含镍 15% 时颜色尚呈紫铜色,当增至 20% 时即呈银白色,故又称为白铜。

对铸造高温合金来说,这种树枝状组织是有益的,它能够提高高温强度,而对一般需进行塑性变形加工的合金来说,由于增加了形变阻力,因而是无益的,此时可以用扩散退火来减小或消除这种不均匀的组织。消除了晶内偏析的 Cu-Ni 合金的显微组织特征为单相固溶体,其内晶粒和晶界清晰可见,如图 6.1(c)所示。

2. 共晶相图及其典型合金组织观察与分析

这类二元合金系有:Pb-Sb、Pb-Sn、Al-Si、Al-Cu、Cu-O、Zn-Mg 等。根据典型合金成分在相图中的位置,可分为端部固溶体合金,共晶、亚共晶和过共晶合金等几种类型来研究其显微组织特征。

(1)端部固溶体合金

端部或端际固溶体合金位于相图的两端。如 Pb-Sn 相图中含锡的质量分数小于 19% 的合金,如图 6.2(a)所示;这类合金慢冷凝终了得到单相固溶体 α,继续冷却到固溶度曲线以下,将析出二次相 βⅡ,一般合金的二次相常呈粒状或小条状分布在 α 固溶体的晶界和晶内。图 6.2(b)为含锡 10% 的 Pb-Sn 合金的显微组织,其中暗色的基体为铅基固溶体 α,亮色颗粒为二次相 β,记为 βⅡ,β 是以锡为基的固溶体。

(2)共晶合金

位于二元相图中共晶点成分的合金液体 L_E 冷至共晶温度 t_E 时,发生如下共晶反应

$$L_E \xrightarrow{t_E} E_a + t_b$$

凝固终了得到共晶体组织($E_a + t_b$)。共晶体由两种一定成分的固相 E_a 和 t_b 组成,两相的本质和成分可由相图得知。如 Pb-Sn 合金的共晶体中两个相的本质分别为以铅和锡为基的固溶体 α 和 β,在共晶温度时,α 和 β 中锡的质量分数分别为 19% 和 97.5%(见图 6.2(a))。该合金系的共晶体组织如图 6.3 所示。

不同合金系的共晶体的形态各异,如 Pb-Sn 共晶为片状,Pb-Sb 共晶为树枝状,此外还有针状、棒状(条或纤维状)、球状及螺旋状等不同形态的共晶体组织,如图 6.4 ~ 图 6.7 所示。

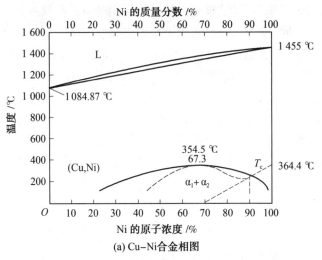

(a) Cu-Ni合金相图

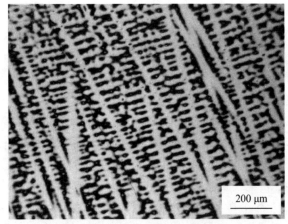

(b) Cu-20%Ni 铸态组织

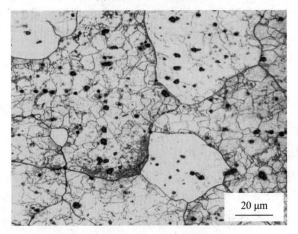

(c) Cu-20%Ni 退火态组织

图 6.1　Cu-Ni 二元系合金

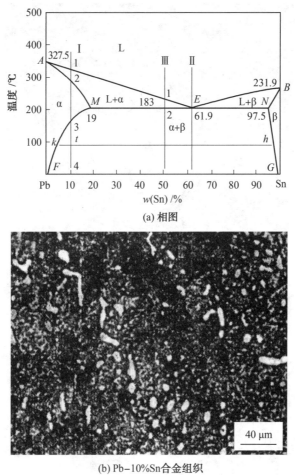

(a) 相图

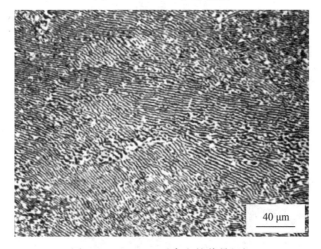

(b) Pb-10%Sn 合金组织

图 6.2 Pb-Sn 二元系合金

图 6.3 Pb-Sn 二元合金的共晶组织

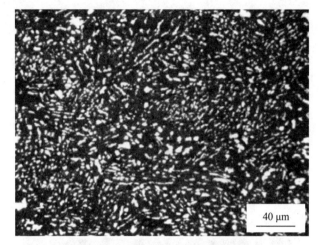

图 6.4　Pb-Sb 合金的树枝状共晶组织

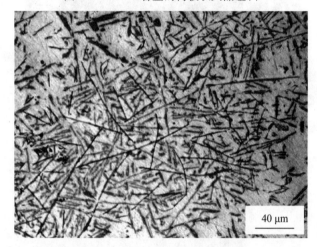

图 6.5　Al-Si 合金的针状共晶组织

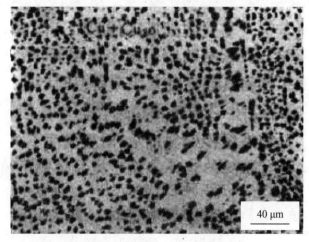

图 6.6　Cu-O 合金的球状共晶组织

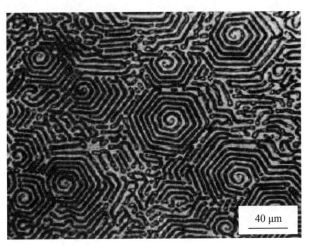

图 6.7　Mg-Zn 合金的螺旋状共晶组织

共晶体的形态,主要取决于其组成相的本质和相对数量。金属-金属型共晶组织凝固时,两相的液-固界面均用微观粗糙型,凝固后常形成规则共晶体,如片状、棒状等。由一个共晶晶核长成的,具有相同位向的区域称为一个共晶领域,几个领域可组成一个共晶集团。在共晶领域或集团的相邻处片层较粗大,这是由于该处最后凝固,所放出的结晶潜热使过冷度减小,成核率降低,故组织变粗。

金属-非金属型共晶组织常具有复杂的形态。由于金属相的液-固界面多为微观粗糙型,生长速度较快。而非金属相的液-固界面为光滑型,生长速度较慢,金属相的超前生长迫使后生长的非金属相产生分歧,因而形成各种复杂的形态。还有一种观点认为复杂的共晶形态是由于非金属相生长时强烈的各向异性造成的。

(3) 亚共晶和过共晶合金

成分位于共晶线上共晶点左侧和右侧的合金分别称为亚共晶和过共晶合金。这些合金在冷却时先结晶出初生晶体,当冷却到共晶温度时,剩余液相的成分变为共晶点的成分,发生共晶反应形成共晶体,故其凝固后的组织为初生晶体加共晶体。合金成分距共晶点越近时,组织中的初生晶体数量就越少,凝固后继续冷却到室温的过程中,若有固溶度变化还将析出二次相。

图 6.8 为 Pb-Sn 系中的亚共晶合金,其组织为初生的单相铅基固溶体(α)加复相共晶体($\alpha+\beta$)。图 6.9 为 Pb-Sn 系中的过共晶合金,其组织为初生晶体(β)加共晶体($\alpha+\beta$)。

初生晶体的形态与其本质和数量有关。纯金属及其固溶体的初晶组织形态一般呈树枝状,在不同截面上可呈完整树枝、部分树枝和卵形排列。对一些金属性较差、晶体结构较复杂的元素(如 Sb、Si、Bi)或化合物的初生晶体,数量较少时,常具有规则的外形,在不同截面上可呈现正方、矩形、菱形、三角形等形状,如果这些相的量较多时,也可具有树枝状的形态,但其枝杆边缘仍是规则的。形成规则的几何形状的原因,是由于具有这类初生晶体的表面张力小,生长速度慢造成的。

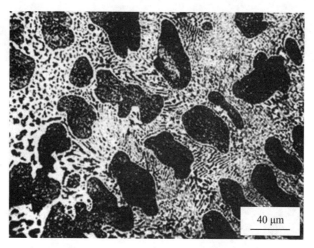

图6.8 Pb-Sn合金亚共晶组织的金相图片

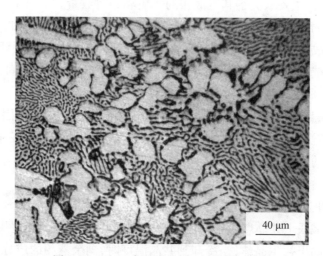

图6.9 Pb-Sn合金过共晶组织的金相图片

3. 固溶体合金的不平衡凝固及其组织

固溶体合金在慢冷终了后,可得到成分均匀的固溶体晶粒,不显示树枝状;快冷时,固相成分来不及扩散均匀,在凝固过程中各温度的固相平均成分将偏离平衡相图上固相线的位置,如图6.10所示。在合金完全凝固后,先结晶出枝干(包括一次轴和二次轴)含高熔点的组元多,后结晶的枝间含低熔点组元多。由于二者抗蚀性不同,浸蚀后呈现出树枝状组织特征。由于形成枝晶偏析,从而导致合金的强度和塑性下降,使铸锭开坯时易裂。为了提高塑性,改善热加工性能,需对快冷后的合金进行扩散(均匀化)退火处理,即将合金加热到低于固相线温度,保温较长时间,然后缓冷,从而消除或减轻偏析,得到接近平衡的合金组织。

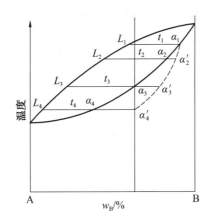

图 6.10 匀晶系合金不平衡结晶时固相线偏离的示意图

【实验仪器及材料】

(1)选定典型合金的金相试样 1 套;
(2)金相显微镜;
(3)实验用合金显微组织照片 1 套。

【实验内容与步骤】

(1)熟悉本实验所要观察的二元合金相图;
(2)分析不同成分合金的平衡凝固过程、室温组织组成物和相组成物及其应有的组织形貌;
(3)观察合金的组织特征,绘出示意图,注明各组成物;同时分析组织与成分的变化规律;
(4)分析固溶体合金枝晶偏析的形成原因。

【实验注意事项】

(1)使用显微镜时,操作要谨慎,动作要轻微而不能剧烈;不允许自行拆卸光学系统;使用结束后及时关闭电源系统。
(2)要爱护已制备好的金相试样。不能用手触摸试样的观察面,如有尘埃等脏物不能用嘴吹,也不能随意擦,要用吸耳球吹除或用无水酒精冲洗并干燥。
(3)试样观察完毕后要放入干燥皿中保存。

【实验报告要求】

(1)画出所观察到的合金显微组织示意图,并加以注解。
(2)结合相图分析典型合金结晶组织的形成过程。
(3)总结二元共晶相图中不同成分典型合金的组织变化规律。

(4)联系所观察的合金说明组织与相的区别与联系。

【思考题】

(1)初生晶体与共晶体可具有哪些形态?

(2)结合合金相图分析固溶体合金不平衡组织形成原因及其组织特征,并说明形成的原因。

实验七 三元合金相图分析及典型组织观察

【实验目的】

(1) 熟悉 Pb-Sn-Bi 三元系合金相图及其典型合金的组织特征；
(2) 了解 Pb-Sn-Bi 三元系合金的组织与三元合金相图的关系；
(3) 学会利用三元合金相图的投影图分析合金的凝固过程及其平衡组织的形成过程，以及显微组织随成分变化的规律。

【实验原理】

1. 三元相图原理

系统组元数为 3 的相图为三元相图(ternary phase diagram)。三元系的成分由任意两组元的等边浓度三角形来表示。在该浓度三角形的端点加上垂直于该平面的温度坐标轴，从而得到棱柱形表示三元系相关系的温度-成分空间立体图。其垂直表面反应边界二元系的相平衡关系，即为二元相图，棱柱中的每一点表示三元系中存在的一种平衡状态。

由于绘制与使用立体图非常困难，使用亦不方便。所以，无论是在测量还是使用过程中，人们常常用立体图沿水平和垂直方向的若干截面、液相面投影图来表示相平衡关系。

(1) 等温截面

等温截面(isothermal section)是在一定温度下平行于浓度平面的截面。在等温截面上，单相区为任意形状的曲边形，反映该相的成分范围。两相区为两条直线与两条曲线构成的四边形，两直线为两相区的两条结线，两曲线为两平衡相的成分曲线。在两相区内根据两相的平衡成分还可以画一系列的结线。对结线上任一点都可以用杠杆定律来求平衡两相的成分，由于一个成分的材料在每一相中只有一个平衡成分。因此，结线都不会相交。三相区为结三角形，结三角形的三个顶点即平衡三相成分，三条边即两两平衡结线。对于结三角形也可以用杠杆定律的一种形式(重心法则)来求平衡各相含量。在等温截面上，$F=3-P$，最多只有三相平衡。但是，通过四相反应前后等温截面的变化，可以区分不同类型的四相反应。具体实例可参考相关书籍资料。

(2) 垂直截面

垂直截面(isopleth)是平行于温度坐标轴的截面，它反映系统中材料在凝固与热加工过程中平衡共存相的种类。但是，一般来说因为平衡结线大都不在该截面上，不能用来确定有关平衡共存相的成分。在垂直截面中，单相区与两相区均是任意形状的曲边形，三相区为曲边三角形，四相区为一水平线，四相区的类型不同，截面的位置不同，水平线上下的相区分布不同。

(3)液相面投影图

液相面投影图(projection)是把空间图中的单变量线(自由度为1的平衡的各相成分点的轨迹线)或/和液固面的等温线,沿温度轴方向投影到浓度三角形上的平面图。在投影图上,所有的相区是相互重叠的,投影图上的每一点不止代表一种相平衡状态。如果掌握了投影的主要特征,就可以由投影图画出等温截面、垂直截面进而确定整个三元相图的结构。

综上所述,等温截面图只能反映出某一温度下合金的组织。要了解合金的结晶过程,就必须做出一系列的等温截面图;而垂直截面图,只能告诉我们合金的相变温度-浓度的区域、相变趋势等,以大致推测相的转变情况,而且杠杆定律在垂直截面图上不能应用,无法估算在结晶过程中各相的数量和成分等。为此,要了解三元结晶过程和组织,可利用等温截面图或投影图来加以分析。

2. 实验用相图投影图

本实验利用 Pb-Sn-Bi 三元合金相图投影图(图 7.1),来分析三元合金的平衡结晶过程及显微组织转变规律。投影图中重要的点、线、区域在合金凝固时所对应的平衡反应列于表 7.1。

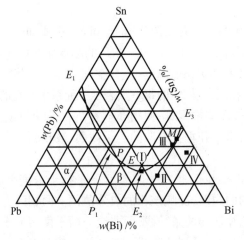

图 7.1　Pb-Sn-Bi 三元相图投影图

表 7.1　Pb-Sn-Bi 三元合金投影图中重要的点、线、区域所对应的平衡反应

投影图中重要点、线、区域	反应类型	反应式
E	四相平衡共晶反应	$L \rightarrow (Bi+Sn+\beta)$
P	四相平衡包晶反应	$L+\alpha \rightarrow (Sn+\beta)$
E_1P	三相平衡共晶反应	$L \rightarrow (\alpha+Sn)$
PE	三相平衡共晶反应	$L \rightarrow (Sn+\beta)$
P_1P	三相平衡包晶反应	$L+\alpha \rightarrow \beta$
E_2E	三相平衡共晶反应	$L \rightarrow (\beta+Bi)$
E_3E	三相平衡共晶反应	$L \rightarrow (Bi+Sn)$

续表7.1

投影图中重要点、线、区域	反应类型	反应式
$E_1 PbP_1 PE_1$	两相平衡匀晶反应	L→α
$P_1 PEE_2 P_1$	两相平衡匀晶反应	L→β
$E_2 EE_3 BiE_2$	两相平衡匀晶反应	L→Bi
$E_3 EPE_1 SnE_3$	两相平衡匀晶反应	L→Sn

3. 典型合金的结晶过程及其组织特征分析

实验用三元合金试样及其组织见表7.2。

表7.2 三元合金试样及其组织

编 号	合金所处位置	显微组织(组织组成物)
(1) Ⅰ	共晶点 E	(Bi+Sn+β)
(2) Ⅱ	BiE 连线上	Bi+(Bi+Sn+β)
(3) Ⅲ	二元共晶 $E_3 E$ 线上	(Bi+Sn)+(Bi+Sn+β)
(4) Ⅳ	Bi 的液面上 BiE 连线右上方	Bi+(Bi+Sn)+(Bi+Sn+β)

下面,利用投影图分析图7.1中Ⅰ、Ⅱ、Ⅲ和Ⅳ四种成分合金的结晶过程以及组织特征。

(1)合金Ⅰ

合金Ⅰ的成分恰为三元共晶成分点 E。当液体合金冷却到三元共晶点温度(96 ℃)时,直到结晶终了,室温下得到100%三元共晶体(Bi+Sn+β),如图7.2所示。由于凝固温度低,此三元共晶体组织细密。

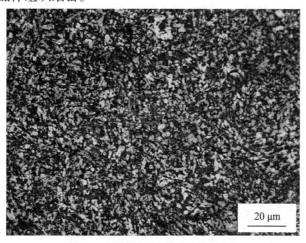

图7.2 合金Ⅰ的室温组织 (Bi+Sn+β)三元共晶

(2)合金Ⅱ

合金Ⅱ位于初生晶体 Bi 的液相面内并落在 BiE 线上,故凝固时首先结晶出初生晶体 Bi,随着温度的降低不断结晶出 Bi 晶体的同时,液相成分将沿 BiE 线变化。当合金成分点落在四相平衡共晶点 E 时,发生四相平衡共晶反应,即从液相中析出(Bi+Sn+β)三元共晶体,直到剩余液相结晶完了为止。结晶过程将以四相平衡共晶反应告终,所得组织为初生 Bi(白色块状)加三相共晶体(Bi+Sn+β),如图 7.3 所示。初生晶体 Bi 具有规则的外形。

图 7.3 合金 Ⅱ 的室温组织
Bi 初晶(白色方块)+(Bi+Sn+β)三元共晶

(3)合金 Ⅲ

合金 Ⅲ 恰好位于二元共晶线 E_3E 上。在结晶过程中,首先从液相中析出(Bi+Sn)二元共晶体,随着温度的降低,液相浓度沿 E_3E 变化。当液态合金继续冷却至三元共晶点 E 的温度时,剩余液体全部转变为(Bi+Sn+β)三元共晶体。故在室温下的组织为二元共晶体(Bi+Sn)和三元共晶体(Bi+Sn+β)的混合组织。二元共晶体(Bi+Sn)呈黑白相间形态(图中浅色部分),以亮色的 Bi 为基体,其上分布着暗色的不规则的小条状 Sn,如图 7.4 所示。由于二元共晶体先形成,温度范围较高,故比三元共晶体粗大。

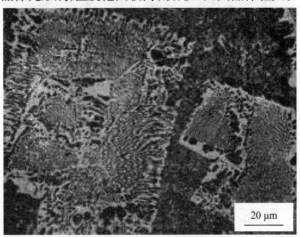

图 7.4 合金 Ⅲ 的室温组织
(Bi+Sn)浅色部分+(Bi+Sn+β)

(4)合金Ⅳ

合金Ⅳ位于初生晶体 Bi 的液相面内,液相合金冷却时首先结晶出 Bi 晶体,忽略 Bi 的固溶度,则液相成分将随着温度降低沿 Bi 点与合金成分点的连线 BiⅣ 的延长线变化,当液相成分达到 BiⅣ 与(Bi+Sn)二元共晶线 E_3E 的交点 M 时,初生晶体 Bi 结晶即行结束。在继续冷却过程中,从液相中析出(Bi+Sn)二元共晶体,此时液相浓度沿 ME 线变化。当液相成分达到 E 点时,发生三元共晶转变,即从液相中析出(Bi+Sn+β)三元共晶体,直到液体全部结晶完了为止。所以,该合金室温下的组织应为初生晶体 Bi、二元共晶体(Bi+Sn)和三元共晶体(Bi+Sn+β)所组成,其显微组织特征如图 7.5 所示。初生晶体 Bi 为发亮的白色块状,初生晶体 Bi 周围为(Bi+Sn)二元共晶体,呈黑白相间形态,(Bi+Sn+β)三元共晶体是最后结晶的,由于过冷度大,形核率多,因而较二元共晶体更细,颜色更暗些。

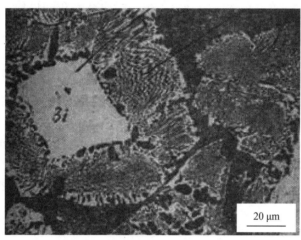

图 7.5　合金Ⅳ的室温组织
Bi+(Bi+Sn)+(Bi+Sn+β)

【实验仪器及材料】

(1)金相显微镜;
(2)Pb-Sn-Bi 三元合金金相试样;
(3)金相照片一套或投影仪一套。

【实验内容与步骤】

根据 Pb-Sn-Bi 三元合金相图等温投影图(图 7.1),确定、分析和讨论如下内容:
(1)利用图 7.1 确定典型合金中各组元的含量。
(2)利用图 7.1 分析典型合金的结晶过程及其室温下应具有的显微组织。
(3)仔细观察分析所给合金的显微组织特征,画出示意图并标出其组织组成物名称。
(4)利用组织照片或投影仪讨论总结所观察合金的平衡凝固过程和组织随成分变化的规律。

【实验注意事项】

(1)使用显微镜时,操作要谨慎,动作要轻微而不能剧烈;不允许自行拆卸光学系统;使用结束后及时关闭电源系统。

(2)要爱护已制备好的金相试样。不能用手触摸试样的观察面,如有尘埃等脏物不能用嘴吹,也不能随意擦,要用吸耳球吹除或用无水酒精冲洗并干燥。

(3)试样观察完毕后要放入干燥皿中保存。

【实验报告要求】

(1)绘出所观察合金的冷却曲线,分析其平衡组织的形成过程。

(2)总结各种三元合金平衡凝固过程中组织随成分变化的规律,画出其显微组织示意图。

【思考题】

(1)Pb-Sn-Bi 三元合金平衡图上各实线和虚线具有什么意义?各个区域是什么相组成物和组织组成物?

(2)对于 Pb-Sn-Bi 三元合金,分析成分为 20% Bi,50% Pb,30% Sn 合金的结晶过程,室温下得到什么组织?

(3)为什么初生相 Bi 具有一定形状,为什么二元共晶体看得很清楚,而三元共晶体就很难分辨?

实验八　铁碳合金平衡组织观察及性能分析

【实验目的】

(1)掌握铁碳合金在平衡状态下的显微组织形态；
(2)加深理解铁碳合金成分、组织和性能之间的关系。

【实验原理】

铁碳合金是研究钢铁材料的基础。铁碳合金是以铁为主,加入少量碳而形成的合金。平衡组织是指合金在极为缓慢的冷却条件下(如退火状态)所得到的组织。

1. Fe-Fe$_3$C 相图

我们可根据 Fe-Fe$_3$C 相图来分析铁碳合金在平衡状态下的显微组织。Fe-Fe$_3$C 相图如图 8.1 所示。铁碳合金平衡组织其相变过程均按 Fe-Fe$_3$C 相图进行。所有碳钢和白口铸铁在室温下的组织均由铁素体(F)和渗碳体(Fe$_3$C)这两个基本相组成。只是因含碳量不同,铁素体和渗碳体的相对数量、析出条件以及分布情况各有所不同,因而呈不同的组织形态,Fe-Fe$_3$C 铁碳合金共分三大类:工业纯铁、碳钢、白口铸铁。进一步分类有 7 种,见表 8.1。

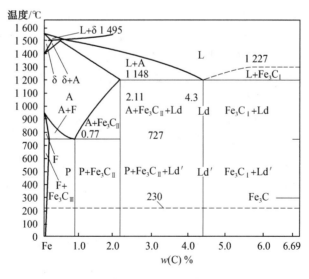

图 8.1　Fe-Fe$_3$C 相图

表 8.1 各种铁碳合金在室温下的显微组织

类型		含碳量/%	显微组织	浸蚀剂
工业纯铁		<0.021 8	铁素体 F	4%硝酸酒精溶液
碳钢	亚共析钢	0.021 8~0.77	铁素体 F+珠光体 P	4%硝酸酒精溶液
	共析钢	0.77	珠光体 P	4%硝酸酒精溶液
	过共析钢	0.77~2.11	珠光体 P+二次渗碳体 Fe_3C_{II}	4%硝酸酒精溶液
白口铸铁	亚共晶白口铸铁	2.11~4.30	珠光体 P+二次渗碳体 Fe_3C_{II}+ 低温莱氏体 L'_d	4%硝酸酒精溶液
	共晶白口铸铁	4.30	低温莱氏体 L'_d	4%硝酸酒精溶液
	过晶白口铸铁	4.30~6.69	低温莱氏体 L'_d+ 一次渗碳体 Fe_3C_I	4%硝酸酒精溶液

2. 两种基本相

(1)铁素体(F)相或称 α 相;

(2)渗碳体(Fe_3C)相。

3. 四种基本组织形态

(1)铁素体(F)

铁素体是碳溶于 α-Fe 中的间隙固溶体,体心立方晶格。727 ℃时溶碳量最大,为 0.021 8%。显微组织浸蚀后呈白色多边形晶粒,晶界呈黑色网络状。亚共析钢中铁素体呈块状分布;当含碳量接近于共析成分时,铁素体则呈断续的网状分布于珠光体周围。

力学性能特点是强度、硬度低,塑性、韧性好,硬度为 50~80HB。

(2)渗碳体(Fe_3C)

渗碳体是具有复杂晶格结构的间隙化合物,含碳量为 6.69%。

渗碳体的显微组织形态与形成条件有关。从液相中析出的为一次渗碳体(Fe_3C_I),粗大板条状(比如过共晶白口铸铁中);从奥氏体中析出的为二次渗碳体(Fe_3C_{II}),呈网状分布在珠光体边界上(比如过共析钢中),最大析出量为 22.6%;从铁素体中析出的为三次渗碳体(Fe_3C_{III}),沿铁素体晶界断续分布,呈断续的条状(比如工业纯铁中),由于数量少于 0.3%,可忽略不计;共析转变形成的渗碳体为共析渗碳体,呈层片状(比如珠光体中);共晶转变形成的渗碳体为共晶渗碳体,呈块状(比如莱氏体基体)。

渗碳体抗蚀能力很强,经质量分数为 3%~4%硝酸酒精溶液浸蚀后,呈亮白色。

力学性能特点是硬而脆。硬度为 800HB,伸长率(塑性)约为 0,冲击韧度(韧性)α≈0,是硬脆相。

(3)珠光体(P)

珠光体是铁素体和渗碳体组成的机械混合物。铁素体为 88%,渗碳体为 12%,含碳量为 0.77%。

显微组织是层片状,经质量分数为 3%~4%硝酸酒精溶液浸蚀后,在不同放大倍数的显微镜下可以看到不同特征的珠光体组织。在高倍放大时能清晰地看到珠光体中平行相间的宽条铁素体和细条渗碳体;当放大倍数较低时,由于显微镜的鉴别能力小于渗碳体片的厚度,这时,珠光体中的渗碳体就只能看到是一条黑线;当组织较细,且放大倍数较低时,珠光体的片层不能分辨,珠光体呈现黑色块状。

力学性能特点是综合力学性能好,硬度为180HB。

(4)低温莱氏体(L'_d)

低温莱氏体是珠光体和渗碳体组成的机械混合物。在平衡状态下,其含碳量为4.3%。

显微组织是豹皮状,白色的共晶渗碳体基体上分布着黑色粒状珠光体或黑色棒状珠光体。珠光体的片层状因为无法分辨而成黑色。

力学性能特点是硬而脆。

4. 七种典型铁碳合金

(1)工业纯铁

工业纯铁含碳量小于0.021 8%,室温下的显微组织由白色块状铁素体(F)和极少量三次渗碳体(Fe_3C_{III})构成。由于三次渗碳体最多只能达到0.3%,可忽略不计。用硝酸酒精浸蚀后,显微组织特征呈白色多边形晶粒,晶界呈黑色网络状,如图8.2所示。

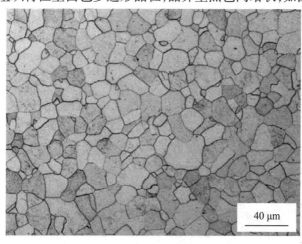

图8.2 工业纯铁显微组织

(2)亚共析钢

亚共析钢的含碳量为0.021 8% ~ 0.77%,室温下的显微组织由白色块状铁素体(F)和珠光体(P)构成。珠光体在层片间距较小或者放大倍数较低时呈暗黑色,放大倍数较高时呈层片状。随着含碳量的增加,珠光体含量增加,铁素体含量减少,两者的相对量可由杠杆定律求得。例如:含碳量为0.45%的钢(45钢)珠光体的相对量为$w(P) = 0.45/0.77 \times 100\% = 56\%$,铁素体的相对量为$w(F) = (0.77-0.45)/0.77 \times 100\% \approx 44\%$。也可以通过直接在显微镜观察下珠光体和铁素体各自所占面积的百分数,近似地计算出钢的含碳量,即$w(C) \approx S(P) \times 0.77\%$,其中$S(P)$为珠光体所占面积百分数。例如:在显微镜下观察到有50%的面积为珠光体,50%的面积为铁素体,则此钢的含碳量$w(C) = 50 \times 0.77/100 = 0.4\%$,即相当于40钢。

图 8.3 和图 8.4 分别为 20 钢和 45 钢室温下的显微组织,其中亮白色为铁素体,暗黑色为珠光体。

图 8.3　20 钢(亚共析钢)显微组织

图 8.4　45 钢(亚共析钢)显微组织

(3)共析钢

共析钢含碳量为 0.77%,室温下的显微组织全部由层片状珠光体(P)组织构成,即片状铁素体和渗碳体的机械混合物。由杠杆定理计算出铁素体与渗碳体的质量比约为 7.9∶1,因此铁素体厚,渗碳体薄。用硝酸酒精浸蚀后,珠光体中铁素体和渗碳体都呈白亮色,只有相界呈黑色,如图 8.5 所示。

(4)过共析钢

过共析钢含碳量为 0.77% ~ 2.11%,室温下的显微组织由白亮色网状二次渗碳体(Fe_3C_{II})和层片状珠光体(P)构成。随着钢中含碳量增加,二次渗碳体数量也增加。用硝酸酒精浸蚀后,二次渗碳体呈亮白色网分布在珠光体的周围,如图 8.6 所示。

图 8.5　T8 钢(共析钢)显微组织

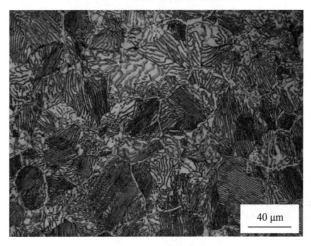

图 8.6　T12 钢(过共析钢)显微组织

(5)亚共晶白口铸铁

亚共晶白口铸铁含碳量为 2.11% ~ 4.3%,室温下的显微组织由黑色树枝状珠光体(P)、二次渗碳体(Fe_3C_{II})和豹皮状低温莱氏体(L'_d)构成。二次渗碳体在珠光体周围析出,与 L'_d 中的渗碳体连在一起难以分辨,如图 8.7 所示。

(6)共晶白口铸铁

共晶白口铸铁含碳量为 4.3%,室温下的显微组织由豹皮状低温莱氏体(L'_d)构成,其中的白色基体为共晶渗碳体,黑色粒状或棒状组织为珠光体,珠光体的片层状无法分辨而成黑色,如图 8.8 所示。低温莱氏体(L'_d)是珠光体和渗碳体组成的机械混合物。

(7)过共晶白口铸铁

过共晶白口铸铁含碳量为 4.3% ~ 6.69%,室温下的显微组织由一次渗碳体(Fe_3C_I)和低温莱氏体(L'_d)构成,其中的一次渗碳体呈白亮色板条状分布在低温莱氏体中,如图 8.9 所示。

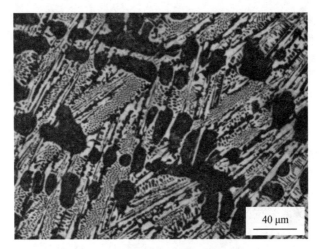

图8.7 亚共晶白口铸铁显微组织

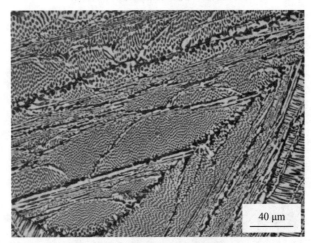

图8.8 共晶白口铸铁显微组织

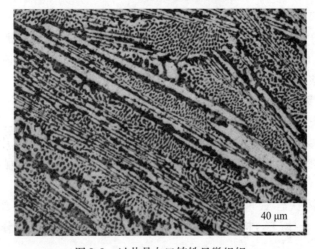

图8.9 过共晶白口铸铁显微组织

5. 平衡组织的成分、组织、性能之间的关系

(1) 含碳量对铁碳合金平衡组织的影响

含碳量与缓冷后相及组织组成物之间的定量关系如图 8.10 所示。

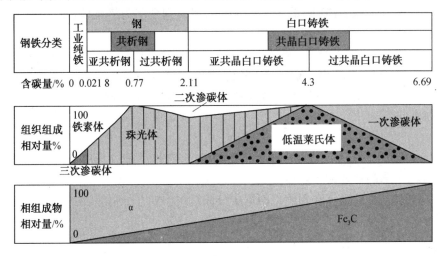

图 8.10 含碳量与相及组织定量关系示意图

(2) 含碳量对力学性能的影响

含碳量对力学性能的影响如图 8.11 所示。

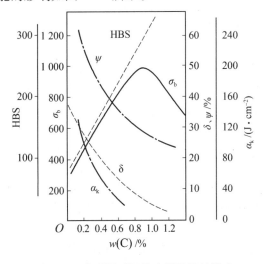

图 8.11 含碳量对钢的力学性能的影响

① 强度

强度对组织形态很敏感。含碳量小于 0.77% 时，随含碳量的增加，珠光体量增多，强度增加；含碳量在 0.77% ~ 0.9% 时，由于网状 Fe_3C_{II} 的出现，强度增加变慢；含碳量达到 0.90% 时，强度出现峰值；含碳量大于 0.90% 时，Fe_3C_{II} 沿晶界形成完整的网，强度迅速降低，随着碳质量分数的进一步增加，强度不断下降；含碳量超过 2.11% 后，合金中出现 L'_d 时，强度已降到很低的值。再增加含碳量时，由于合金基体都为脆性很高的 Fe_3C，强度变

化不大且值很低,趋于 Fe_3C 的强度(约 20~30 MPa)。

②硬度

硬度主要取决于组织组成物的硬度和质量分数,随含碳量的增加,合金的硬度呈直线关系增大,由全部为铁素体(F)的硬度约 80HB,增大到全部为渗碳体(Fe_3C)时的硬度约 800HB。

③塑性

铁碳合金的塑性全部由铁素体(F)提供,渗碳体(Fe_3C)是极脆的相,没有塑性。所以随含碳量的增大,铁素体(F)量不断减少时,合金的塑性连续下降。到合金成为白口铸铁时,塑性接近于零。

④韧性

韧性对组织十分敏感,随着合金含碳量的增加,韧性下降。当出现网状 Fe_3C_{II} 时,韧性急剧下降,下降趋势要大于塑性。

亚共析钢的硬度、强度和塑性可根据成分或组织作如下的估算:

$$硬度/HB \approx 80 \times w(F) + 180 \times w(P)$$

或

$$硬度/HB \approx 80 \times w(F) + 800 \times w(Fe_3C)$$
$$强度(\sigma_b)/MPa \approx 230 \times w(F) + 770 \times w(P)$$
$$伸长率(\delta)/\% \approx 50 \times w(F) + 20 \times w(P)$$

式中的数字相应为 F、P 或 Fe_3C 的大概硬度、强度和伸长率;$w(F)$、$w(P)$、$w(Fe_3C)$ 分别表示组织中 F、P 或 Fe_3C 的质量分数。

【实验仪器及材料】

(1)金相显微镜;
(2)铁碳合金平衡状态金相试样一套。

【实验内容与步骤】

(1)在显微镜下观察和分析表 8.2 的铁碳合金平衡组织试样,识别钢和铸铁组织形态的特征,根据 Fe-Fe_3C 相图分析各合金的形成过程;建立成分、组织之间相互关系的概念。
(2)画出所观察的显微组织示意图,并标注出组织组成物。

表 8.2 铁碳合金平衡组织试样

序号	材料	工艺	显微组织	浸蚀剂
1	工业纯铁	退火	铁素体	4%硝酸酒精
2	20 钢	退火	铁素体+珠光体	4%硝酸酒精
3	45 钢	退火	铁素体+珠光体	4%硝酸酒精
4	T8 钢	退火	珠光体	4%硝酸酒精

续表8.2

序号	材料	工艺	显微组织	浸蚀剂
5	T12钢	退火	珠光体+二次渗碳体	4%硝酸酒精
6	亚共晶白口铁	铸造	珠光体+二次渗碳体+低温莱氏体	4%硝酸酒精
7	共晶白口铁	铸造	莱氏体	4%硝酸酒精
8	过共晶白口铁	铸造	低温莱氏体+一次渗碳体	4%硝酸酒精

(3)根据显微组织近似确定亚共析钢的含碳量：

$$w(C)\% = (S(P) \times 0.77)/100 + (S(F) \times 0.0218)/100$$

式中　$S(P)$——珠光体所占面积,%；

　　　$S(F)$——铁素体所占面积,%。

(4)分析含碳量对铁碳合金的组织和性能的影响。

【实验注意事项】

(1)使用显微镜时,操作要谨慎,动作要轻微而不能剧烈；不允许自行拆卸光学系统；使用结束后及时关闭电源系统。

(2)要爱护已制备好的金相试样。不能用手触摸试样的观察面,如有尘埃等脏物不能用嘴吹,也不能随意擦,要用吸耳球吹除或用无水酒精冲洗并干燥。

(3)试样观察完毕后要放入干燥皿中保存。

【实验报告要求】

(1)写出实验目的。

(2)画出所观察显微组织示意图,显微组织画在直径为 25~30 mm 的圆内,并标出组成物名称。

(3)分析含碳量对铁碳合金的组织和性能的影响。

【思考题】

(1)为什么当钢中含碳量大于0.9%时,不仅钢的塑性、韧性将进一步降低,而且强度、硬度也开始下降。

(2)在铁碳合金中观察到的铁素体和渗碳体有几种形态？它们分别在什么情况下存在？

(3)铁碳合金有几种典型组织？说明各组织的特征。

实验九　金属塑性变形与再结晶组织观察

【实验目的】

(1)观察显微镜镜下滑移线(滑移带)的特征；
(2)加深理解冷变形对金属显微组织和性能的影响；
(3)掌握变形度、再结晶退火温度、再结晶退火保温时间对再结晶退火后晶粒大小的影响。

【实验原理】

在外力作用下应力超过金属的弹性极限时金属所发生的永久变形称为塑性变形。

1.滑移线及滑移带

滑移是指晶体相邻的两部分沿着某一晶面在某个晶向上彼此间做相对的平行滑动。滑移后在滑移面两侧的晶体位向关系保持不变。将抛光的试样变形,在试样表面会有若干组台阶出现,示意图如图9.1所示,在金相显微镜下可观察到的滑移带形貌如图9.2所示。如果将这个表面再一次抛光,则这些台阶便随之消失。图中那些相互平行或交叉的细线,通常称为滑移线。自从电子显微镜问世后,人们发现光学金相显微镜下的滑移线并不是一条线,而是由一系列相互平行的更细的线组成的。因此,在金属学中便把在普通金相显微镜下看到的滑移线称为滑移带,而把组成滑移带的那些更细的线称为滑移线。

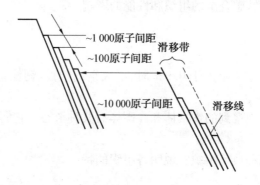

图9.1　滑移线和滑移带示意图

滑移线及滑移带的出现是滑移过程中的必然结果与具体表现。它说明在塑性变形中,金属内部产生了分层的相对移动。当金属内部的滑移层移动到金属表面时便会在试样的抛光面上形成一系列高低不平的台阶,这便是人们所看到的滑移线及滑移带。滑移线与滑移带的排列并不是任意的,它们彼此之间或者相互平行或者互成一定角度,表明金属中的滑移只能沿着一定的晶面和一定的晶向进行,这些晶面和晶向称为金属的滑移面和滑移方向。

图9.2　高锰钢的滑移带

2. 塑性变形对金属组织和性能的影响

(1)组织

金属经塑性变形后,不但其外形发生改变,而且晶粒形状也发生明显变化。随变形度增大,晶粒逐渐沿受力方向伸长,产生纤维组织,性能趋于各向异性。

当金属变形量达到一定值(70%~90%)时,金属中的每个晶粒的位向都趋于大体一致,这种现象称为"织构"现象,或称"择优取向"。

(2)性能

经塑性变形后,由于晶粒破碎,点阵严重畸变,位错密度增加,位错出现缠结和塞积,使金属塑性变形抗力迅速增加,产生加工硬化现象,金属的硬度、强度增加,而塑性和韧性下降。随变形度增大,加工硬化现象更显著,如图9.3所示。

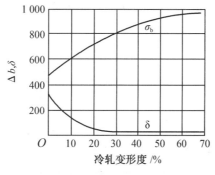

图9.3　含碳0.3%的钢冷加工硬化曲线

经塑性变形后,在金属内部还产生残余应力。第一类内应力是宏观的,产生原因是表面和心部的塑性变形不均匀;第二类内应力是微观的,产生原因是晶粒间或晶内不同区域变形不均;第三类内应力是超微观的,产生原因是晶粒畸变。一般情况下,残余应力不仅降低了金属的承载能力,而且还会使工件的形状与尺寸发生变化。

3. 加热对冷变形金属的组织和性能的影响

冷变形后金属在加热时会发生回复、再结晶、晶粒长大过程。变形金属在加热过程中组织和性能变化如图9.4所示。

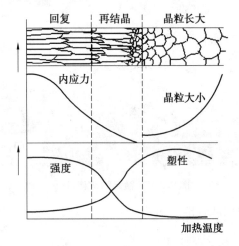

图9.4 变形金属在加热过程中组织和性能变化示意图

(1) 回复

回复是在加热温度较低时,在晶粒内所发生的某些结构和性能的变化过程。金属中通过点缺陷运动,使点缺陷密度降低,通过位错运动和位错攀移产生多边形化等。在回复阶段原子活动能力较小,金属的显微组织没有明显变化,仍为拉长的变形晶粒;金属的强度、硬度和塑性等机械性能变化不大,而内应力、电阻和耐蚀性等性能明显变化。

(2) 再结晶

再结晶是当加热温度高于一定温度时,原子活动能力增大,晶粒外形开始发生变化,从变形拉长的晶粒变成新的无畸变的等轴晶粒。再结晶是通过形核和长大两个过程完成的。

(3) 晶粒长大

再结晶完成后,若继续升高温度或延长保温时间,再结晶后的晶粒又会逐渐长大,使晶粒粗化。

(4) 性能变化

变形金属通过再结晶,因显微组织发生了彻底改变,恢复到变形前的状态,位错密度也大大降低,所以其强度和硬度显著降低,而塑性和韧性重新提高,所有性能恢复到变形前的数值,加工硬化得以消除。

4. 影响再结晶后晶粒度的因素

(1) 变形度的影响

变形度是影响再结晶退火后晶粒大小的最重要因素。在其他条件相同的情况下,变形量越大,则晶粒越细。变形度与晶粒度的关系如图9.5所示。变形度很小时(图中 Oa 段),晶粒没多大变化,是由于晶格畸变很小,不足以引起再结晶。当变形度增加到一定数值(图中 b 点)后,得到最大晶粒,此变形度称为临界变形度。临界变形度随金属不同而异,一般都在2%～10%。铁为5%～6%,钢为5%～10%,铜及黄铜约为5%,铝为1%～3%。当变形量在临界变形量附近时,晶粒变粗是因为此时金属中只有部分晶粒变形,变形极不均匀,再结晶晶核少,且晶粒极易相互吞并长大,最后长为粗晶粒。当变形度大于临界变形度时,随变形量的增加,越来越多的晶粒发生了变形,变形越趋均匀,晶格畸变大,再结晶的晶核多,每个核心都需要长大,在相互制约的情况下,结果得到细晶粒。但当变形量太大时,在曲线上又出现第二个高峰,即晶粒反而又变粗,一般认为这是由于变形织构造成的。所以冷压加工应注意避免在临界变形度范围内加工,以免再结晶后产生粗晶粒。

(2) 再结晶退火温度的影响

再结晶是在一个温度范围内进行的,若温度过低不能发生再结晶;若温度过高,则会发生晶粒长大,要获得细小的再结晶晶粒,必须在一个合适的温度范围内进行加热。这是由于加热温度升高,原子扩散能力和晶界迁移能力增强,有利于晶粒长大。加热温度与晶粒大小关系曲线如图9.6所示。

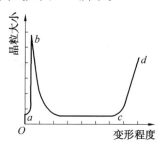
图9.5 变形度对再结晶后晶粒大小的影响

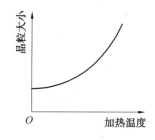
图9.6 加热温度对再结晶后晶粒大小的影响

(3) 保温时间的影响

在变形度、再结晶退火温度相同的前提下,保温时间越长,晶粒越大。

【实验仪器及材料】

(1) 金相显微镜;
(2) 典型金相试样块若干。

【实验内容与步骤】

观察本实验所提供试样的显微组织,了解其组织形态特征。实验内容见表9.1。

表9.1 实验内容

序号	样品材料	变形量(压缩)	再结晶退火温度及保温时间	组织特征
1	Q235	0		等轴晶 F+P
2	高锰钢	4%~5%		滑移带
3	Q235	50%		变形晶粒 F+P
4	Q235	50%	560 ℃,10 min	极少量再结晶晶粒
5	Q235	50%	560 ℃,20 min	部分再结晶晶粒
6	Q235	50%	560 ℃,30 min	大量再结晶晶粒
7	Q235	50%	600 ℃,30 min	再结晶晶粒
8	Q235	30%	600 ℃,30 min	再结晶晶粒(较大)
9	Q235	70%	600 ℃,30 min	再结晶晶粒

注:Q235 钢为普通碳素钢,含碳量为0.14%~0.22%,属于亚共析钢,退火组织为铁素体(白色)加少量珠光体(黑色)。

1~9号样品的金相组织照片如图9.7~图9.15所示。

图9.7 为1号样品,Q235 钢退火未变形组织,等轴状的铁素体加珠光体晶粒。

图9.8 为2号样品,高锰钢变形后的滑移带,有单向滑移,也有双向滑移。

图9.9 为3号样品,Q235 钢变形度为50%的组织,晶粒已显著变长。

图9.10 为4号样品,Q235 钢变形50%,560 ℃退火,保温10 min 的组织,有极少量再结晶晶粒,绝大多数为变形组织。

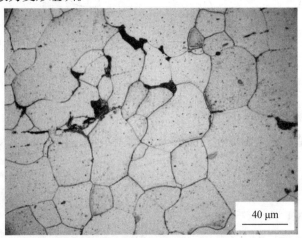

图9.7 1号样,Q235 钢,退火未变形组织

图9.8 2号样,高锰钢滑移带,变形5%

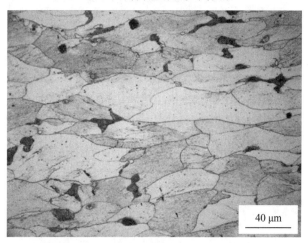

图9.9 3号样,Q235钢,变形50%

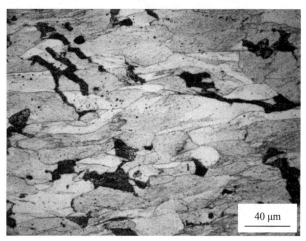

图9.10 4号样,Q235钢,变形50%,560 ℃×10 min处理

图 9.11 为 5 号样品,Q235 钢变形 50%,560 ℃退火,保温 20 min 的组织,有部分再结晶晶粒形成。

图 9.12 为 6 号样品,Q235 钢变形 50%,560 ℃退火,保温 30 min 的组织,由于保温时间比前两个样品长,所以有大量再结晶晶粒形成,部分再结晶晶粒已长大,仍有变形晶粒存在,再结晶还没有完成。

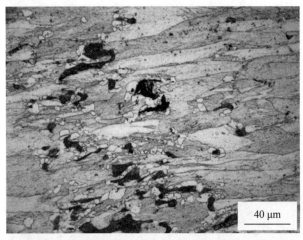

图 9.11　5 号样,Q235 钢,变形 50%,560 ℃×20 min 处理

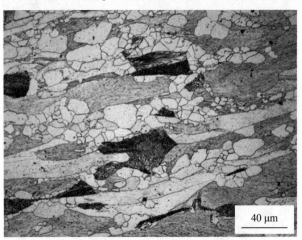

图 9.12　6 号样,Q235 钢,变形 50%,560 ℃×30 min 处理

图 9.13 为 7 号样品,Q235 钢变形 50%,600 ℃退火,保温 30 min 的组织,由于退火温度比 6 号样品高,所以基本上都是再结晶晶粒,说明再结晶基本完成。

图 9.14 为 8 号样品,Q235 钢变形 30%,600 ℃退火,保温 30 min 的组织,完全是再结晶晶粒,由于变形度为 30%,所以晶粒尺寸比图 9.13 晶粒尺寸要大。

图 9.15 为 9 号样品,Q235 钢变形 70%,600 ℃退火,保温 30 min 的组织,完全是再结晶晶粒,由于变形度为 70%,所以晶粒尺寸比图 9.13 晶粒尺寸要小。

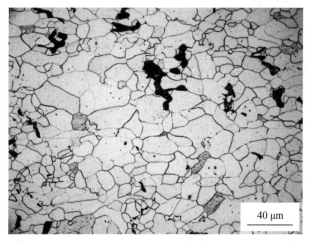

图9.13 7号样,Q235钢,变形50%,600 ℃×30 min处理

图9.14 8号样,Q235钢,变形30%,600 ℃×30 min处理

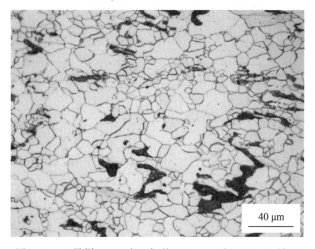

图9.15 9号样,Q235钢,变形70%,600 ℃×30 min处理

【实验注意事项】

(1)使用显微镜时,操作要谨慎,动作要轻微而不能剧烈;不允许自行拆卸光学系统;使用结束后及时关闭电源系统。

(2)要爱护已制备好的金相试样。不能用手触摸试样的观察面,如有尘埃等脏物不能用嘴吹,也不能随意擦,要用吸耳球吹除或用无水酒精冲洗并干燥。

(3)试样观察完毕后要放入干燥皿中保存。

【实验报告要求】

(1)写出实验目的。
(2)画出所观察到的各试样的组织示意图,标明图中各组织组成物,说明组织特征。
(3)分析冷变形量、再结晶退火温度及保温时间对再结晶退火后组织有何影响。

【思考题】

(1)为什么临界变形度试样再结晶退火后晶粒特别粗大?
(2)再结晶和晶粒长大的驱动力各是什么?

实验十 固态金属中的扩散实例分析

【实验目的】

(1)了解固态金属中原子扩散的基本方式及其扩散规律;
(2)通过对渗碳层组织的观察、分析及渗碳层深度的测量,进一步加深对扩散原理、扩散方程的理解,同时了解其在渗碳中的应用。

【实验原理】

钢的渗碳过程是碳原子渗入钢件表面,进而向内部扩散的过程。扩散是物质中原子(或分子)迁移的过程,是物质传输的一种方式。金属及合金的结晶、固态相变、冷变形金属的回复与再结晶、铸件与焊接件的均匀化退火、钢的化学热处理等都与扩散密切相关。

扩散的宏观规律主要研究扩散物质的浓度分布与时间的关系,包括菲克第一定律(扩散第一定律)和菲克第二定律(扩散第二定律)。扩散的微观规律主要研究扩散过程中原子的迁移及抑制,扩散机制主要包括间隙机制和空位机制等。

本实验通过低碳钢渗碳组织与层深的分析,主要研究扩散的宏观规律及其在生产中的应用。

1. 扩散的宏观规律及其应用

(1)菲克第一定律

在单位时间内通过垂直于扩散方向的单位截面积的扩散物质流量(即扩散通量)与该截面处的浓度梯度呈正比关系。其表达式为

$$J = -D\frac{dc}{dx} \tag{10.1}$$

式中 J——扩散通量,kg·m^{-2}·s^{-1}或原子数·m^{-2}·s^{-1});

D——扩散系数,m^{-2}·s^{-1};

dc/dx——体积浓度梯度;

"$-$"——物质的扩散流方向与浓度梯度升高的方向相反。

应该指出,菲克第一定律仅适用于稳态扩散情况。实际中,大部分属于非稳态扩散过程,那么,就要用菲克第二定律来解决。

(2)菲克第二定律

菲克第二定律的表达式为

$$\frac{\partial c}{\partial t} = D \frac{\partial^2 c}{\partial x^2} \tag{10.2}$$

式中　c——扩散物质的体积浓度,kg·m^{-3}·s^{-1}或原子数·m^{-3}·s^{-1}；

　　　t——扩散时间,s；

　　　x——扩散距离,m。

式(10.2)的物理意义:扩散过程中,浓度变化率($\partial c/\partial t$)与沿扩散路径上浓度梯度($\partial c/\partial x$)随扩散距离($\mathrm{d}x$)的变化率成正比。

(3)菲克第二定律在渗碳中的应用

钢的渗碳过程是扩散定律在工业中应用的典型例子。碳从工件表面向内层的迁移取决于碳在钢中的扩散系数和浓度梯度。扩散系数实际上是温度和碳浓度的函数,即

$$D_c^r = (0.07 + 0.06 \times C\%) \exp\left(\frac{-32\,000}{RT}\right) \tag{10.3}$$

式中　D_c^r——扩散系数；

　　　$C\%$——碳浓度,%；

　　　R——气体常数；

　　　T——绝对温度,K。

把低碳钢零件置于渗碳介质中进行渗碳,零件可看做半无限长情况,并假定渗碳一开始零件表面很快达到恒定的渗碳气氛的碳浓度C_s并保持不随时间而变化。那么,在边界条件$C(x=0,t)=C_s$；$C(x=\infty,t)=C_0$,以及初始条件$C(x,t=0)=C_0$下,菲克第二定律的解为

$$\frac{C_s - C_x}{C_s - C_0} = \mathrm{erf}\left(\frac{x}{2\sqrt{Dt}}\right) \tag{10.4}$$

式中　C_0——原始碳浓度；

　　　C_s——渗碳气氛浓度；

　　　C_x——距表面距离x处的碳浓度；

　　　$\mathrm{erf}\left(\dfrac{x}{2\sqrt{Dt}}\right)$——误差函数。

假定将渗层深度定义为碳浓度大于某一值C_c处钢棒表层的深度,此时,式(10.3)可写做

$$\frac{C_s - C_c}{C_s - C_0} = \mathrm{erf}\left(\frac{x}{2\sqrt{Dt}}\right) \tag{10.5}$$

可看出式(10.5)左边为定值,这表明对于C_c为任一规定值时,$\mathrm{erf}\left(\dfrac{x}{2\sqrt{Dt}}\right)$为定值。那么,渗层深度与渗碳(扩散)时间的关系式为

$$x = K\sqrt{Dt} \tag{10.6}$$

式中　x——渗层深度,m；

K——常数;

t——渗碳时间,s。

它是控制渗碳工艺的重要理论基础。

由扩散方程解可知,当表面和内层的碳浓度为一定值的情况下,如果渗碳温度一定,那么渗碳层深度与扩散时间服从抛物线规律,即

$$x = 802.6\sqrt{\tau}/10^{\left(\frac{3720}{T}\right)} \tag{10.7}$$

式中 x——渗层深度,mm;

τ——渗碳时间,h。

2. 渗碳层组织及渗碳层深度测定

(1)渗碳层的碳浓度分布与金相组织变化关系如图10.1所示。

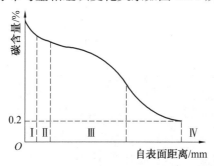

图 10.1 渗碳层的碳浓度分布与金相组织变化关系

Ⅰ—过共析层(珠光体+碳化物);Ⅱ—共析层(珠光体);

Ⅲ—过渡层(珠光体+铁素体);Ⅳ—原始组织(铁素体+珠光体)

(2)渗碳后的金相组织

低碳钢(低碳合金钢)经渗碳后,在随炉缓慢冷却的条件下,渗碳层的组织基本上与 Fe-Fe₃C 合金状态图上各相区相对应。即由表面到心部依次为过共析区、共析区、亚共析区(即过渡区)和心部原始组织的未渗碳区。

不同材料的气体渗碳工艺(此处只给出了渗碳温度、渗碳时间和冷却方式)见表 10.1,渗碳层组织分别如图 10.2 ~ 图 10.6 所示。

表 10.1 不同材料的气体渗碳工艺与渗层组织图号对照表

材 料	渗碳温度/℃	渗碳时间/h	冷却方式	图 号
20	920	4.5	坑冷	图 10.2
20CrMo	920	4.5	坑冷	图 10.3
20CrMnTi	920	4.5	坑冷	图 10.4
25MnTiBRE	920	4.5	坑冷	图 10.5
12Cr2Ni4	920	4.5	坑冷	图 10.6

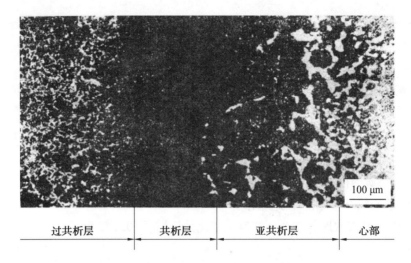

图 10.2　20 钢渗碳层组织

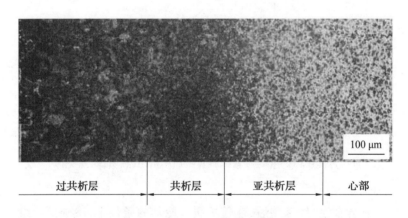

图 10.3　20CrMo 钢渗碳层组织

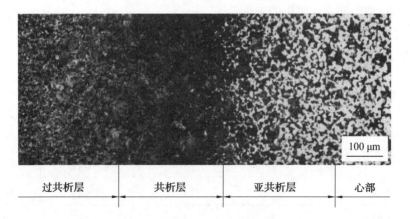

图 10.4　20CrMnTi 钢渗碳层组织

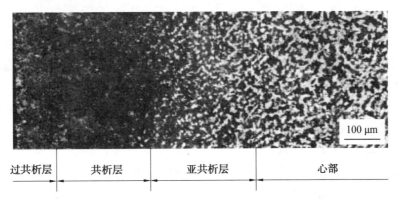

图 10.5　20MnTiBRE 钢渗碳层组织

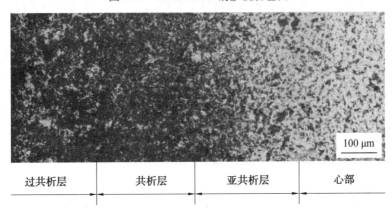

图 10.6　20Cr2Ni4 钢渗碳层组织

①过共析区

过共析区渗碳钢件的最表层,碳浓度最高,该区的含碳量一般约为 0.9%~1.2%。渗碳后缓慢冷却至 Fe-Fe₃C 合金状态图的 ES 线时,便首先沿原奥氏体晶界析出二次渗碳体(Fe_3C),继续缓冷至共析温度时,奥氏体发生共析转变成为珠光体(P)。所以,过共析层在缓冷后的金相组织为珠光体加少量网状碳化物($P+Fe_3C$)。一般的,当含碳量大于 1.1% 左右时,则碳化物易于沿奥氏体晶界呈网状析出。但对于含有碳化物形成元素的合金渗碳钢,当表面含碳量较高时,过共析区中碳化物往往不一定呈网状析出,而是呈不规则的球状或粒状,含碳量过高时,呈粗粒状甚至针状。这些粒状碳化物是在渗碳温度下从奥氏体中析出的,冷却时便被保留下来。

渗碳层中碳化物的形状、尺寸、数量及分布对渗层乃至整个材料的性能将会产生重要影响。粗大的块状或网状碳化物会使材料的力学性能大大降低,如果碳化物呈细小、弥散状分布,将会使材料的力学性能得到大幅度提高。

②共析区

共析区是渗碳钢的次表层,该区的含碳量约为 0.7%~0.9%。钢件渗碳后缓冷至共析温度时,共析成分的奥氏体将全部转变为片状珠光体(P)。珠光体片层间距大小取决于渗碳后的冷却速度。冷却速度越大,珠光体片层间距越小,材料的硬度越高。

③亚共析区(过渡区)

亚共析区的含碳量范围约为0.7%~心部原始组织含碳量。即碳浓度随着离表面距离的增加而减小,直至过渡到心部原始组织成分为止。故亚共析区缓冷后的组织为珠光体与铁素体的混合组织(P+F)。越接近心部,铁素体量越多而珠光体量越少。

应当指出,如果渗碳后采用较快的冷速(如空冷),那么,渗层中将发生伪共析转变,使共析区含碳量范围变宽,得到较多的伪共析珠光体组织。

④心部原始组织(未渗碳区)

材料的原始组织区,对于低碳钢而言,由铁素体与珠光体组成(F+P)。

(3)渗碳层深度的测定

渗碳层深度是衡量渗碳件质量的主要技术指标之一。目前常用的方法有以下几种。

①宏观断口法

将渗碳试样从炉中取出立即淬火后打断,断口上渗碳层部分呈白色瓷状,未渗碳部分呈灰色纤维状,交界处含碳量约为0.4%。由表面测至交界处的垂直距离即为渗碳层深度。为了更好地显现渗层深度,可将试样断口磨平,用4%硝酸酒精溶液浸蚀,腐蚀后渗碳层呈暗黑色,中心部分呈灰色。然后,用带有标尺的读数放大镜测量。此法既适用于淬火态,也适用于退火态。测定方法简便,适合出炉前快速分析、粗略估计渗碳层的深度,误差较大。如果要精确测量渗碳层深度,就需用显微组织法。

②显微组织法

将处于平衡态(退火态)下的渗碳试样在横断面上磨平、抛光,经4%硝酸酒精溶液浸蚀后,用金相显微镜观察并测定渗碳层深度。目前对测定渗碳层深度尚无统一标准。一般对于碳素渗碳钢,从表面测至过渡区的1/2处为止(该处含碳量约为0.4%),即以过共析区、共析区和1/2过渡区之和为渗碳层深度;对于合金渗碳钢,从表面一直测到出现原始基体组织为止,即以过共析区、共析区和过渡区三者之和作为渗碳层深度。

③等温淬火法。高合金渗碳钢渗碳后进行缓慢冷却,在渗碳层内仍会形成部分马氏体组织,从而影响渗碳层深度的精确测量,为此,可用等温淬火法测量渗碳层深度。该方法是利用渗碳后材料表面与心部奥氏体含碳量不同所具有不同的 M_s 点的特点,来选择等温淬火的等温温度。首先确定渗碳层深度应测至何种含碳量处(如含碳0.3%),然后以此含碳量的 M_s 点作为等温温度,试样在此温度停留一段时间后,再冷至室温。由于试样心部的 M_s 点高于等温温度,而渗碳层 M_s 点低于等温温度,那么在等温时心部发生马氏体转变并被回火,浸蚀后心部呈黑色,而表面渗碳层在随后冷却过程中才得到淬火马氏体组织,浸蚀后呈亮白色。所以,可测定白亮层深度即为渗碳层深度。

对于碳素钢而言,按照此法测得的渗碳层深度接近于宏观断口法测得的渗碳层深度;对合金钢而言,按照此法测得的渗碳层深度大于宏观断口法测得的渗碳层深度。

此外,测量渗碳层深度的方法还有显微硬度法、磁性法等。

【实验仪器及材料】

(1)设备:渗碳炉、金相显微镜(附目镜测微尺);
(2)样品:20Cr 钢渗碳件。

【实验内容与步骤】

(1)将20Cr 钢加工成8 mm×8 mm×10 mm 的试样8 组,采用一段渗碳法,在相同温度和相同渗碳气氛下进行恒定碳势的气体渗碳处理。渗碳气氛碳势宜高于1.0%,以便试样中能观察到不同浓度的渗碳层。渗碳时间分别为2 h、4 h、6 h、8 h、10 h、12 h、14 h、16 h。渗碳后,试样进行空冷或缓冷以获得近平衡态组织,渗碳工艺方案详见表10.2。

表10.2　20Cr 钢在相同渗碳温度和碳势下,渗碳层深度与渗碳时间的关系

试样编号	渗碳温度/℃	渗碳时间/h	渗碳层深度/mm
1	930	2	
2	930	4	
3	930	6	
4	930	8	
5	930	10	
6	930	12	
7	930	14	
8	930	16	

(2)将渗碳后的试样进行磨制、抛光、浸蚀,制成金相试样。
(3)在金相显微镜下观察每组试样的渗碳层组织,测定渗层深度,并绘出渗层深度-渗碳时间关系曲线(即 x-t 关系曲线)。
(4)利用公式(10.6)计算出每组试样的渗层深度,绘出 x-t 关系曲线,并与实验值相比较。

【实验注意事项】

(1)使用显微镜时,操作要谨慎,动作要轻微而不能剧烈;不允许自行拆卸光学系统;使用结束后及时关闭电源系统。
(2)要爱护已制备好的金相试样。不能用手触摸试样的观察面,如有尘埃等脏物不能用嘴吹,也不能随意擦,要用吸耳球吹除或用无水酒精冲洗并干燥。
(3)试样观察完毕后要放入干燥皿中保存。

【实验报告要求】

(1)分别写出每组试件的渗碳工艺;

(2)给出每组试样的渗碳层组织图,并标注出测量所得的过共析区、共析区、亚共析区的层深;

(3)分别绘出实际测定和理论计算的 x-t 关系曲线,比较它们的吻合程度,并分析产生误差的主要原因。

【思考题】

(1)采用圆柱形试样与方形试样测得的渗层深度是否有差别?

(2)渗碳必须在 A_{c3} 以上的温度(一般在 850~950 ℃)进行,而不在 A_{c3} 以下的温度进行,为什么? 渗碳温度越高,碳的扩散速度也越大,那么,温度是否越高越好?

实验十一　钢中固态相变组织分析

【实验目的】

(1)熟悉各种珠光体、贝氏体、马氏体以及奥氏体形态。

(2)加深理解固态相变中扩散型、半扩散型和无扩散型相变的概念,了解平衡转变、非平衡转变、平衡相、亚稳相的概念。

(3)掌握钢中各种珠光体、贝氏体、马氏体以及奥氏体组织形态特点、形成条件及大致的性能特点。

【实验原理】

固体材料在外界条件发生变化时产生的相转变称为固态相变。外界条件指成分、温度及压力,相转变指相的成分、结构和有序度的变化。固态相变是材料热处理的基础。由于目前为止,钢是应用最多的工程材料,所以应了解钢中的固态相变。钢的固态相变包括钢的加热转变和冷却转变,而冷却转变又可分为等温冷却转变和连续冷却转变,在实际应用中多为连续冷却转变。下面介绍钢中固态相变基本组织类型及其形成以及钢中常见的固态相变组织。

1. 钢在加热时的转变

碳钢的平衡室温组织由铁素体和渗碳体两个相组成。只有在奥氏体状态下才能通过不同冷却方式使钢转变为不同组织,获得所需要的性能。所以,热处理时须将钢加热到一定温度,使其组织全部或部分转变为奥氏体。现以共析碳钢为例讨论钢的奥氏体化过程。

钢加热时奥氏体的形成通过形核及长大过程实现。其具体转变过程可分为四个步骤。

(1)奥氏体晶核形成

奥氏体的晶核通常优先在铁素体与渗碳体的相界处形成。这是因为在相界上成分不均匀,且晶格畸变较大,为产生奥氏体晶核提供了浓度和结构两方面的有利条件。

(2)奥氏体晶核长大

奥氏体晶核形成后,晶核的一侧是铁素体,另一侧是渗碳体,从而使其与铁素体相接触处碳浓度降低,与渗碳体接触处碳浓度增高,这就为铁素体转变为奥氏体和渗碳体溶解提供了条件。通过原子扩散,奥氏体向铁素体和渗碳体两侧逐渐长大。

(3)残余渗碳体溶解

由于铁素体的碳浓度与结构都与奥氏体相近,所以铁素体先于渗碳体消失。因此,铁素体消失、奥氏体形成后,其中仍有未溶解的渗碳体存在。随保温时间的延长,未溶渗碳体将不断溶解,直至全部消失。

(4) 奥氏体成分均匀化

当残余渗碳体全部溶解时,奥氏体的碳浓度仍不均匀,原渗碳体处的含碳量比原铁素体处的高。所以需要继续延长保温时间,通过碳的扩散,使奥氏体的含碳量逐渐趋于均匀。

亚共析钢和过共析钢的奥氏体化过程与共析钢基本相同,但由于先共析铁素体或二次渗碳体的存在,为了全部获得奥氏体组织,必须相应加热到 A_{c3} 或 A_{cm} 以上的温度(亚共析钢、过共析钢在一定加热条件下的完全奥氏体化温度),使它们全部转变为奥氏体,如图 11.1 所示。

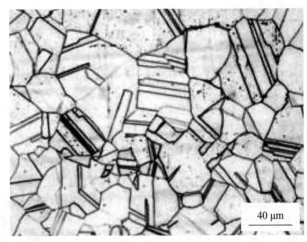

图 11.1 奥氏体组织

2. 钢在冷却时的转变

钢的常温性能不但与加热时的奥氏体晶粒大小、化学成分以及均匀程度有关,而且与奥氏体冷却转变后的最终组织有直接关系。奥氏体在不同过冷度的条件下转变,形成不同的组织。

当奥氏体过冷到 A_1 点以下时将发生三种类型的转变,即珠光体转变、贝氏体转变和马氏体转变。下面以共析钢为例,分别对三种类型转变进行简单介绍。

(1) 珠光体转变—高温转变—扩散型相变

当等温温度低于 A_1 而高于 C 曲线(TTT 曲线)弯折处(俗称"鼻子尖")温度时,过冷奥氏体分解转变为铁素体和渗碳体的机械混合物,即珠光体类型组织。当奥氏体过冷到 A_1 以下时,首先在奥氏体晶界处分解析出渗碳体片,接着在渗碳体片附近的奥氏体转变成片状铁素体;铁素体片附近的奥氏体又析出渗碳体片,这样交替进行,直至奥氏体全部转变完了。

珠光体转变是一种扩散型转变,即转变是在铁原子和碳原子的扩散中完成的。

珠光体的片间距离取决于奥氏体分解时的过冷度。过冷度越大,所形成的珠光体片间距离越小。根据片层的厚薄不同,珠光体类型组织可细分为珠光体、索氏体和屈氏体。

① 珠光体

在 $A_1 \sim 650\ ℃$ 形成的珠光体片层较厚,同平衡状态下奥氏体分解产物相似。在金相显微镜下放大 400 倍以上可分辨出平行的宽条铁素体和细条渗碳体,称为粗珠光体、片状珠光体,简称珠光体,如图 11.2(a) 所示。

②索氏体

在650~600 ℃形成的珠光体片层比较细,用金相显微镜放大500倍,从珠光体的渗碳体上仅看到一条黑线,只有放大1 000倍才能分辨片层,称为索氏体,如图11.2(b)所示。

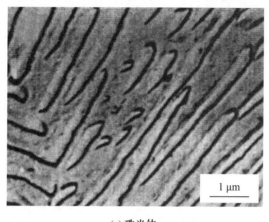

(a) 珠光体

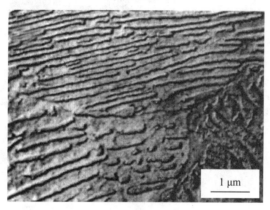

(b) 索氏体

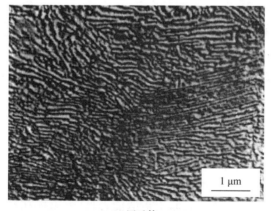

(c) 屈氏体

图11.2 珠光体型组织

③屈氏体

在600~550 ℃形成的珠光体用金相显微镜放大500倍,不能分辨珠光体片层,仅看到黑色的球团状组织,只有用电子显微镜放大10 000倍才能分辨,称为屈氏体,如图11.2(c)所示。

常见的珠光体除片状外,还有球状(粒状)珠光体,即铁素体基体上分布球状(粒状)渗碳体的机械混合物。

(2)贝氏体转变—中温转变—半扩散型相变

过冷奥氏体在550 ℃~M_s温度范围内,将转变为贝氏体类型组织。根据贝氏体的组织形态不同又可分为上贝氏体和下贝氏体。

①上贝氏体形成温度为550~350 ℃,如图11.3(a)所示,在光学显微镜下,上贝氏体呈羽毛状。

②下贝氏体形成温度为350 ℃~M_s,如图11.3(b)所示,在光学显微镜下,下贝氏体呈黑色针状。

(a)上贝氏体　　　　　　　　　　(b)下贝氏体

图11.3　贝氏体型组织

贝氏体的力学性能主要取决于其组织形态。上贝氏体中铁素体片较宽,碳化物较粗,且分布不均匀,所以它的脆性较大,强度较低,基本上无实用价值。下贝氏体中碳化物细小,分布均匀,针状铁素体有一定过饱和度,因此它除有较高的强度和硬度外,还有良好的塑性和韧性,即具有较优良的综合力学性能,是生产上常用的组织。获得下贝氏体组织是强化钢材的途径之一。

当等温温度为550~350 ℃时,过冷奥氏体发生贝氏体转变,条状或片状铁素体从奥氏体晶界开始向晶内以同样方向平行生长。随着铁素体的伸长和变宽,其中的碳原子向条间的奥氏体中富集,最后在铁素体条之间析出渗碳体短棒,奥氏体消失,形成上贝氏体。

当温度较低(350 ℃~M_s)时,碳原子扩散能力低,铁素体在奥氏体的晶界或晶内的某些晶面上长成针状,尽管最初形成的铁素体固溶碳原子较多,但碳原子的迁移不能逾越铁素体片的范围,只有在铁素体片内一定的晶面上以断续碳化物小片的形式析出,从而形成下贝氏体。

由上述可见，贝氏体转变也是形核、长大的过程，但属于半扩散型转变，即只有碳原子扩散，而铁原子不扩散。

(3) 马氏体转变—低温转变—非扩散型相变

当奥氏体获得极大的过冷（对于共析钢为230 ℃）时，将转变为马氏体类型组织，即碳在 α-Fe 中的过饱和固溶体。马氏体转变是在某一温度范围内完成的，随着转变温度降低，马氏体量不断增加，到一定温度转变便停止了。

①马氏体组织的形态特点

钢中马氏体的组织状态主要为板条状和片状（针状）两大类，如图11.4(a)和图11.4(b)所示。板条马氏体的立体形态呈细长的扁棒状，显微组织表现为一束束的细条状组织，每束内的条与条之间尺寸大致相同并平行排列，一个奥氏体晶粒内部可以形成几个取向不同的马氏体束。在透射电子显微镜下观察，马氏体板条内的亚结构主要是高密度的位错，因此又称为位错马氏体。因含碳低的奥氏体形成的马氏体呈板条状，故板条马氏体又称为低碳马氏体。片状马氏体的立体形态呈双凸透镜的片状，显微组织为片状（针状、竹叶状）。在透射电镜下观察，其亚结构主要是孪晶，因而又称为孪晶马氏体。因含碳高的奥氏体形成的马氏体呈片状，故片状马氏体又称为高碳马氏体。在一个奥氏体晶粒内，先形成的马氏体片横贯整个晶粒，但不能穿过晶界和孪晶界，后形成的马氏体片不能穿过先形成的马氏体片，所以越是后形成的马氏体片越小。显然，奥氏体晶粒越细，转变后最大马氏体片的尺寸也越小，当最大马氏体细小到在光学显微镜下都无法分辨时，这种马氏体组织称为隐晶马氏体。

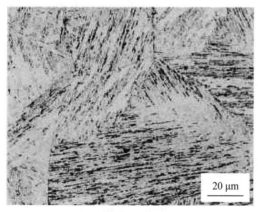
(a) 板条马氏体

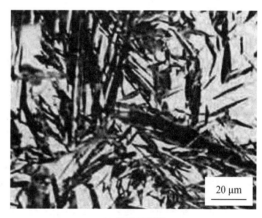
(b) 针状马氏体

图11.4 马氏体型组织

马氏体的形态主要取决于含碳量。当含碳量低于0.2%时，马氏体转变后的组织中几乎完全是板条状马氏体，高于1.0%时，则几乎全部都是针状马氏体，含碳量介于0.2%～1.0%之间时，马氏体为板条状和针状的混合组织。

②马氏体的性能

高硬度是马氏体性能的主要特点。马氏体的硬度主要受其含碳量的影响。随马氏体含碳量增加，其硬度也随之升高，当含碳量达到0.6%以后，其硬度变化趋于平缓。合金元素的存在对钢中马氏体的硬度影响不大。

马氏体的塑性和韧性主要取决于其亚结构的形式和碳在马氏体中的过饱和度。高碳针状马氏体的塑性和韧性均很差,而低碳板条马氏体的塑性和韧性却相当好。

马氏体转变也是形核、长大的过程,但马氏体形成速度极快,瞬间形核,瞬间长大,铁碳原子均不扩散,所以马氏体转变是非扩散型转变。

综上所述,将共析钢中相变类型、组织名称、形成条件、组织特征及性能归纳见表11.1。

表11.1 共析钢中相变特征

转变类型	组织名称	形成温度/℃	显微组织特征	硬度(HRC)
珠光体型相变	珠光体(P)	>650	在400~500×金相显微镜下可以观察到铁素体和渗碳体的片层状组织	~20
	索氏体(S)	600~650	在800~1 000×以上的显微镜下才能分清片状特征,在低倍下片层模糊不清	25~35
	屈氏体(T)	550~600	用光学显微镜观察时呈黑色团状组织,只有在电子显微镜(5 000~15 000×)下才能分辨片层状	35~40
贝氏体型相变	上贝氏体(B上)	350~550	在金相显微镜下呈暗灰色的羽毛状特征	40~48
	下贝氏体(B下)	230~350	在金相显微镜下呈黑色针叶状特征	48~58
马氏体型相变	马氏体(M)	<230	低碳马氏体呈板条状,高碳马氏体呈片状,中碳钢中是板条和片状马氏体混合组织	60~65

3. 钢中常见固态相变组织分析

以上为钢中固态相变的基本组织类型,可通过等温冷却转变方式获得。在实际应用中,由于多为连续冷却转变,所以一般获得混合类型组织。因钢的化学成分、原始组织、奥氏体化加热温度、冷却速度、回火温度(本实验不介绍回火)等因素不同,使钢的固态相变组织变得非常复杂。结合前面介绍的基本组织类型,对钢中常见固态相变组织进行简要分析。

(1)奥氏体组织

钢经加热完全奥氏体化应为成分均匀的单相奥氏体等轴晶粒组织(含有孪晶),可通过高温金相观察。高合金奥氏体不锈钢通过固溶处理后,在室温可得到单相的奥氏体组织。图11.5为1Cr18Ni9Ti奥氏体不锈钢经1 050 ℃固溶处理(加热到单相区保温淬火)后组织,为均匀的奥氏体组织,部分晶粒呈孪晶分布,其中黑色小点为碳化物,多边形小块为氮化物。

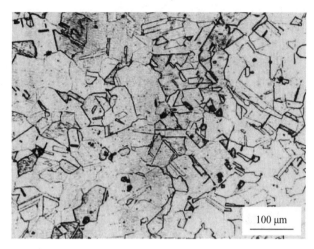

图 11.5　1Cr18Ni9Ti 钢固溶处理组织　奥氏体(含有孪晶)

(2)珠光体组织

珠光体组织包括片状和球状(粒状)珠光体组织。非共析钢过冷奥氏体转变时,由于存在先共析转变,根据实际条件的影响,会形成魏氏体组织,即形成粗大的针状铁素体或渗碳体。经球化退火可使片状珠光体转化为球状珠光体。

图 11.6 为 20 钢 1 100 ℃空冷(正火)组织,属过热正火的魏氏体组织。黑色区域为细片状、粗片状珠光体,白色块状、针状的为铁素体。

图 11.7 为 45 钢 860 ℃炉冷(退火)组织,为铁素体+珠光体组织。黑色区为片状珠光体,白色区域为铁素体,属正常的退火组织。

图 11.8 为 45 钢 860 ℃空冷(正火)组织,为铁素体+珠光体组织。黑色为细片状珠光体,白色为铁素体,属正常的正火组织。

图 11.9 为 T12 钢的球化退火组织,为球状珠光体。780 ℃保温 4 h,炉冷至 700 ℃保温 4 h,炉冷至 550 ℃出炉空冷。均匀、细小的球状碳化物分布在铁素体基体上,属正常的退火组织。

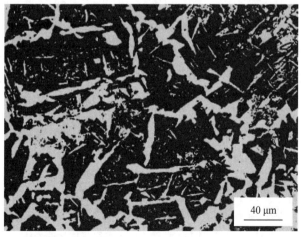

图 11.6　20 钢 1 100 ℃正火组织　魏氏组织(珠光体+针状铁素体)

图 11.7　45 钢 860 ℃退火组织　铁素体+珠光体

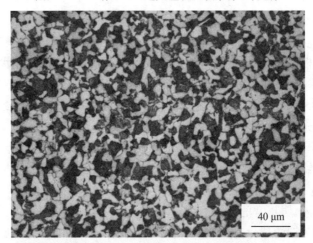

图 11.8　45 钢 860 ℃正火组织　铁素体+珠光体

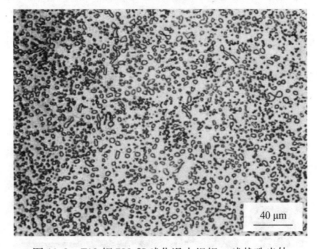

图 11.9　T12 钢 780 ℃球化退火组织　球状珠光体

(3) 贝氏体组织

钢中贝氏体的基本形态是上贝氏体和下贝氏体。根据奥氏体的成分和转变温度的不同,还可以见到粒状贝氏体、无碳贝氏体、柱状贝氏体和反常贝氏体等。

图 11.10 为 T8 钢 900 ℃加热保温 10 min 后 420 ℃等温 20 s 水冷后的组织,为上贝氏体+马氏体+残余奥氏体。黑色区域为羽毛状上贝氏体,白色区域为马氏体和残余奥氏体,上贝氏体在等温过程中形成。

图 11.11 为 T8 钢 900 ℃加热保温 10 min 后 300 ℃等温 90 s 水冷后的组织,为下贝氏体+马氏体+残余奥氏体。黑色针状组织为下贝氏体,灰白色区域为马氏体和残余奥氏体,下贝氏体在等温过程中形成。

图 11.10　T8 钢 900 ℃保温 10 min、420 ℃等温 20 s 后水冷组织　上贝氏体+马氏体+残余奥氏体

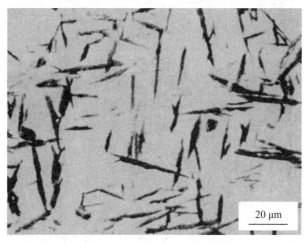

图 11.11　T8 钢 900 ℃保温 10 min、300 ℃等温 90 s 后水冷组织　下贝氏体+马氏体+残余奥氏体

(4) 马氏体组织

钢中马氏体的基本形态为板条马氏体和片状马氏体。

图 11.12 为 20 钢 1 100 ℃加热保温 1 h 后水冷金相组织，为板条马氏体。由于加热温度较高，故马氏体组织粗大。20 钢（$w(C)=0.2\%$）淬火组织中几乎完全是板条马氏体。

图 11.13 为 45 钢 860 ℃加热保温 1 h 后水冷金相组织，为典型板条马氏体与片状马氏体的混合组织。

图 11.14 为 45 钢 860 ℃加热保温后油冷淬火组织，为屈氏体与马氏体混合组织。呈网状分布的黑色组织为屈氏体，灰色区域为淬火马氏体。由于淬火冷却不足而使过冷却奥氏体转变为沿原奥氏体晶界分布的屈氏体（极细的片状珠光体）。

图 11.15 为 T12 钢 780 ℃加热保温后水冷组织，为隐针状马氏体+二次渗碳体+残余奥氏体。白色颗粒为二次渗碳体（780 ℃加热处于奥氏体与渗碳体两相区），灰白色基体为隐针状马氏体和残余奥氏体。

图 11.16 为 T12 钢 1 100 ℃加热保温 1 h 后水冷组织，为粗大片状马氏体+残余奥氏体。黑色针状组织为粗大的片状马氏体，白色区域为残余奥氏体。由于含碳量较高，故为片状马氏体，由于加热温度较高，奥氏体晶粒较大，故马氏体组织也较粗大，由于二次渗碳体全部溶入到奥氏体中，奥氏体含碳量增高，M_s 点下降，导致有相当多数量的残余奥氏体。

图 11.12　20 钢 1 100 ℃保温 1 h 后水冷组织　粗大板条马氏体

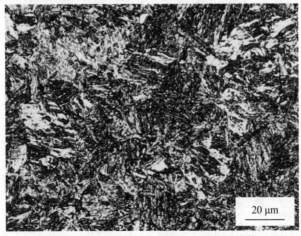

图 11.13　45 钢 860 ℃保温 1 h 水冷组织　板条马氏体+片状马氏体

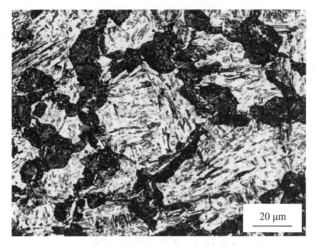

图 11.14　45 钢 860 ℃保温油冷淬火组织　屈氏体+马氏体

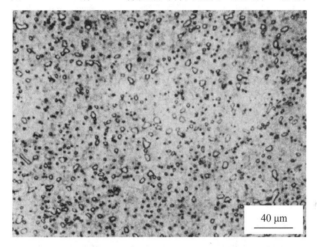

图 11.15　T12 钢 780 ℃加热保温水冷组织　隐针状马氏体+二次渗碳体+残余奥氏体

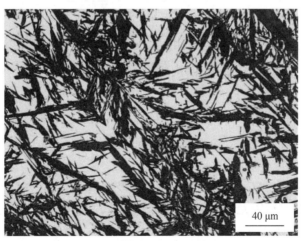

图 11.16　T12 钢 1 100 ℃加热保温 1 h 水冷组织　粗大片状马氏体+残余奥氏体

应当指出,上述许多组织是晶粒粗大的过热组织,仅是为了理论研究和教学需要才会出现,在实际应用中属于热处理缺陷组织,可以采取相应的技术工艺避免出现。

【实验仪器及材料】

(1)金相显微镜;
(2)金相试样。

【实验内容与步骤】

(1)观察奥氏体、珠光体、贝氏体、马氏体的典型样品。

使用显微镜观察表11.2中的样品。

表11.2 本实验使用的样品

序号	材料	热处理	组织	对应图号
1	1Cr18Ni9Ti	1 050 ℃,固溶处理	奥氏体(有孪晶)	图11.5
2	20 钢	1 100 ℃,空冷	珠光体+铁素体魏氏组织(针状F)	图11.6
3	20 钢	1 100 ℃,盐水冷	粗大板条马氏体	图11.12
4	45 钢	860 ℃,炉冷	铁素体+珠光体	图11.7
5	45 钢	860 ℃,空冷	铁素体+珠光体	图11.8
6	45 钢	860 ℃,水冷	马氏体(板条+片状混合)	图11.13
7	45 钢	860 ℃,油冷	屈氏体+马氏体	图11.14
8	T8 钢	900 ℃+420 ℃等温,水冷	上贝氏体+马氏体+残余奥氏体	图11.10
9	T8 钢	900 ℃+300 ℃等温,水冷	下贝氏体+马氏体+残余奥氏体	图11.11
10	T12 钢	780 ℃,球化退火	球状珠光体	图11.9
11	T12 钢	780 ℃,水冷	隐针马氏体+二次渗碳体+残余奥氏体	图11.15
12	T12 钢	1 100 ℃,水冷	粗大片状马氏体+残余奥氏体	图11.16

(2)记录、分析典型固态相变的组织特征。

【实验注意事项】

(1)实验前要仔细阅读实验指导书。注意区分魏氏组织与上贝氏体、下贝氏体与针状马氏体的形成条件和组织特征。

(2)绘图尽量使用铅笔。不要将试样中杂质及划痕画出。

(3)金相显微镜是精密光学仪器,操作时要谨慎,不能有剧烈的动作。不允许自行拆卸光学系统。出现问题及时向指导教师报告。

(4)要爱护已制备好的金相试样。不能用手触摸试样的观察面,如有尘埃等脏物不能用嘴吹,也不能随意擦,要用吸耳球吹除或用无水酒精冲洗并干燥。

(5)试样观察完毕后要放入干燥皿中保存。

【实验报告要求】

(1)写出实验目的。

(2)画出所观察显微组织示意图,显微组织画在直径为 25~30 mm 的圆内,标明组织组成物名称,说明组织特征。

(3)分析成分、温度、冷却速度(过冷度)对固态相变组织的影响。

【思考题】

(1)说明铁素体、奥氏体、珠光体、马氏体、贝氏体的特征。

(2)分析 T12 钢 780 ℃水冷与 1 100 ℃水冷组织的差别及原因。

(3)分析 45 钢 860 ℃油冷与 860 ℃水冷组织的差别及原因。

(4)下贝氏体和针状马氏体的组织有什么特点?如何区分它们?

参考文献

[1] 王岚,杨平,李长荣. 金相实验技术[M]. 2版. 北京:冶金工业出版社,2010.
[2] 崔占全,孙振国. 工程材料学习指导[M]. 北京:机械工业出版社,2008.
[3] 潘清林,等. 金属材料科学与工程实验教程[M]. 长沙:中南大学出版社,2006.
[4] 葛利玲. 材料科学与工程基础实验教程[M]. 北京:机械工业出版社,2008.
[5] 吴润,刘静. 金属材料工程实践教学综合实验指导书[M]. 北京:冶金工业出版社,2008.
[6] 赵品,谢辅洲,孙振国,等. 材料科学基础教程[M]. 哈尔滨:哈尔滨工业大学出版社,2009.
[7] 张联盟,等. 材料科学基础教程[M]. 武汉:武汉理工大学出版社,2005.
[8] DONALD R ASKELAND, PRADEEP P PHULÉ. Essentials of Materials Science and Engineering(材料科学与工程基础)[M]. 影印本. 北京:清华大学出版社,2005.
[9] 赵杰,等. 材料科学基础[M]. 大连:大连理工大学出版社,2010.
[10] FLEMINGS M C. 凝固过程[M]. 关玉龙,等,译. 北京:冶金工业出版社,1981.
[11] 冯端,师昌绪,刘治国. 材料科学导论[M]. 北京:化学工业出版社,2002.
[12] 李宝银,韩雅静,张勇. 光学金相技术实验指导书[M]. 天津:天津大学出版社,1995.
[13] 史美堂,柏斯森. 金属材料及热处理习题集与实验指导书[M]. 上海:上海科学技术出版社,1999.
[14] 赵忠. 金属材料热处理[M]. 北京:机械工业出版社,1987.
[15] 《有色金属及热处理》编写组. 有色金属及热处理[M]. 北京:国防工业出版社,1981.
[16] 任怀亮. 金相实验技术[M]. 北京:冶金工业出版社,1992.
[17] 韩德伟,等. 金属学实验指导书[M]. 长沙:中南工业大学出版社,1990.
[18] 周玉. 材料分析方法[M]. 北京:机械工业出版社,2000.
[19] 施雯,戚飞鹏,杨弋涛,等. 金属材料工程实验教程[M]. 北京:化学工业出版社,2009.
[20] 杨顺贞. 工程材料实践教程[M]. 北京:机械工业出版社,2011.
[21] 三元合金显微组织分析实验指导书[M/OL]. 2008,12.29. http://www.mapeng.net/news/mechanical_design_theory/2008/12/mapeng_08122911822707.html

[22] 田保红,贾淑果.《材料科学基础A》实验指导书[M].北京:冶金工业出版社,2006.

[23] 安运铮.热处理工艺学[M].北京:机械工业出版社,1986.

[24] 《热处理手册》编委会.金属热处理手册·第二卷·典型零件的热处理[M].北京:机械工业出版社,1994.

[25] 崔忠圻,等.金属学与热处理[M].北京:机械工业出版社,2001.